WIZARD

ウォール街の モメンタムウォーカー

DUAL MOMENTUM INVESTING

An Innovative Strategy for Higher Returns
with Lower Risk
by Gary Antonacci

ゲイリー・アントナッチ［著］
長尾慎太郎［監修］
山下恵美子［訳］

Dual Momentum Investing : An Innovative Strategy for Higher Returns with Lower Risk
by Gary Antonacci

Copyright © 2015 by Gary Antonacci. All Rights Reserved.

Japanese translation rights arranged with McGraw-Hill Global Education Holdings,LLC
through Japan UNI Agency, Inc., Tokyo

監修者まえがき

　本書はゲイリー・アントナッチによる"Dual Momentum Investing : An Innovative Strategy for Higher Returns with Lower Risk"の邦訳である。株式投資において有効なリスクファクターとしては、「バリュー（企業価値評価）」や「サイズ（時価総額の大きさ）」などが従来知られていたが、アントナッチは、それらと独立したファクターとして「モメンタム（運動量）」があり、自己時系列に対する絶対モメンタムならびにクロスセクションでの相対モメンタムを使うことで、長期的に安定した収益が得られることをここで示している。実際、タイミングモデルになじみがない人たちにとっては、第8章に示された簡単なフローチャートに従うことで高いパフォーマンスが得られるとはにわかには信じられないかもしれないが、これは事実である。なお、この「モメンタム」の効果については、著者が批判的に書いているように、今でも学術（academic）の世界ではほとんど顧みられていない。しかし、実務（practitioner）の世界、特にヘッジファンドをはじめとした代替的投資の関係者の間では、それはずっと以前から知られており、私がこの世界に入った1990年代初めにはすでに枯れた常識であった。

　ところで、一般に創発を伴うシステムについて新たな知識を創造するためには、自身の豊富な実務経験に基づいて生成された暗黙知を形式知に変換していく循環的なプロセスが不可欠である（そこに組織的な相互作用があればなお良い）。このため、複雑系の一種である金融市場においても、イノベーティブな発見は、そのためのリソースを持たない学究ではなく、投資活動の現場の人間によってもたらされてきた。だが、今も昔も実務家は、「本当に収益を稼げる知識や技術」については信頼できる仲間内だけで共有し、うかつに他人に話したりは

しない。このため、研究者がマーケットについて見当違いな議論や主張をしていても、心優しい実務家はそれを温かく見守るだけであって、わざわざ間違いを指摘するような野暮なことはしない。ゆえに、教科書に書かれている理論的パラダイムがいつまでも旧態依然としていてリアリティを帯びないのはやむを得ないことなのだ。

　一方で、私たち投資家は、自分が使う投資手法が、再現性、妥当性、客観性を備えた科学的なものであることを確認する必要がある。もし不必要な損をしたくなければ、発展途上の未成熟な教義が現実世界に追いつき適切なものに更新されるのを待っている時間的余裕はない。昨今、テーマやストーリーだけが売りの、反証可能性に欠ける非科学的な投資商品が蔓延するなかにあって、アントナッチが紹介したデュアルモメンタム投資は、例外的に再現性や論理的整合性を備えた科学的な投資手法である。実務家として、沈黙を破ってこれを世に知らしめた彼の功績は非常に大きい。

　翻訳にあたっては以下の方々に心から感謝の意を表したい。翻訳者の山下恵美子氏は分かりやすい翻訳を、そして阿部達郎氏は丁寧な編集・校正を行っていただいた。また本書が発行される機会を得たのはパンローリング社社長の後藤康徳氏のおかげである。

2015年6月

長尾慎太郎

目次

監修者まえがき	1
序文	9
謝辞	15
はじめに	17

第1章　世界初のインデックスファンド　21

それはなぜうまくいったのか	24
この話から得られる教訓	26
効率的市場	27
パッシブ投資に取って代わるもの	31
形勢の変化	33
モメンタムアノマリー	34

第2章　上昇するものは……上昇し続ける　37

古典的アイデア	37
20世紀初期のモメンタム	38
20世紀中盤におけるモメンタム	40
近代のモメンタム	45
独創性に富んだモメンタムの研究	48
モメンタムのさらなる研究	49
現在におけるモメンタムの応用	51

第3章　近代ポートフォリオ理論の原理と応用　53

マーコウィッツの平均分散最適化	53

CONTENTS

資本資産価格モデル　　　　　　　　　　　　　　　55
ブラック・ショールズ・オプション価格付けモデル　　61
ポートフォリオインシュランス──ノー！　　　　　63
投資で豊かな生活　　　　　　　　　　　　　　　　65

第4章　モメンタムの合理的説明と
　　　それほど合理的ではない説明　　　　67

モメンタムはなぜ機能するのか　　　　　　　　　　68
モメンタムの合理的基盤　　　　　　　　　　　　　69
リスクベースのモメンタムモデル　　　　　　　　　69
モメンタムの行動経済学的基盤　　　　　　　　　　70
　初期の行動モデル　　　　　　　　　　　　　　　70
　アンカリングと過小反応　　　　　　　　　　　　72
　確証バイアス　　　　　　　　　　　　　　　　　72
　群れ行動、フィードバックトレーディング、過剰反応　73
　ディスポジション効果　　　　　　　　　　　　　77
まとめ　　　　　　　　　　　　　　　　　　　　　77

第5章　資産の選択──良い選択、悪い選択、
　　　醜い選択　　　　　　　　　　　　79

債券？　お粗末な債券はいらない　　　　　　　　　79
リスクパリティ？　まさか！　　　　　　　　　　　85
57種類の分散化　　　　　　　　　　　　　　　　　86
　海外分散投資　　　　　　　　　　　　　　　　　86
　新興市場　　　　　　　　　　　　　　　　　　　87
　コモディティのパッシブ運用　　　　　　　　　　89

マネージドフューチャーズ	94
ヘッジファンド	98
プライベートエクイティ	103
アクティブ運用の投資信託	105
そのほかのアクティブ運用投資	108
個人によるファンド以外の投資	109
風に吹かれて	111

第6章　スマートベータと都市伝説　　　113

スマートベータの性質	115
スマートベータの複製方法	120
スマートベータのもっと賢い使い方	120
サイズは本当に価値があるのか	124
バリューは本当に価値があるのか	125
モメンタムは本当に価値があるのか	127

第7章　リスクの測定と制御　　　129

絶対モメンタム	130
絶対モメンタムの特徴	132
デュアルモメンタム――相対モメンタムと絶対モメンタムの長所を引き出す	136
アルファとシャープレシオ	137
テールリスクと最大ドローダウン	138
統合アプローチ	140

CONTENTS

第8章 グローバル・エクイティ・モメンタム　141

- 動的な資産配分　141
- ルックバック期間　142
- 絶対モメンタムの適用　143
- 相対モメンタムの適用　146
- 相対モメンタムと絶対モメンタム　147
- デュアルモメンタムの適用　150
- ドローダウンの比較　158
- ファクターモデルの結果　161
- シンプルで効果的　163
- GEMの使い方　164
- 異なるリスク選好への対応　165

第9章 モメンタムのさらに効果的な使い方　169

- モメンタムの改善に潜む危険性　169
- 絶対モメンタムの再考　175
- 移動平均を使ったトレンドフォロー　177
- 企業価値評価によるマーケットタイミング　180
- 相対モメンタムの再考　181
- 52週高値への近接　183
- 価格モメンタム、利益モメンタム、収益モメンタム　184
- モメンタムの加速　185
- フレッシュモメンタム　186
- グローバル・バランスト・モメンタム　186
- デュアルモメンタム・セクターローテーション　189
- 今やらなければならないこと　192

第10章　最終的考察　193

　古い投資パラダイム　194
　新しい投資パラダイム　195
　モメンタム効果の持続　196
　課題と機会　198
　ご乗車の方はお急ぎください！　200

付録A──グローバル・エクイティ・モメンタムの月次パフォーマンス　203
付録B──「絶対モメンタム」　205

用語集　237
参考文献　253
推薦図書　267

序文

　2013年のノーベル経済学賞の共同受賞者で、効率的市場仮説の父とも呼ばれるユージン・ファーマは、モメンタムを短い言葉で言い表している——「モメンタムはあまねく存在する」。これはモメンタムに対するファーマ博士からの大きな褒め言葉だ。しかしモメンタムがどこにでも見られると言っても、モメンタムは依然として投資家たちに誤解されている概念の1つだ。しかしありがたいことに、この空白を埋めてくれる人物が登場した。ゲイリー・アントナッチだ。本書は、難解な学術誌においてモメンタムアノマリーの微妙な論理的メカニズムを探究してきた学者と、超過リターンを生みだすためにモメンタムの漠然とした知識をその場その場で使ってきた実践家たちの間のギャップを埋める最高傑作だ。アントナッチは学術・実践の両分野で彼の専門知識を駆使し、堅牢でシンプルで実行可能で大きなリスク調整済みリターンを生みだしてきた、モメンタムベースのアセットアロケーション戦略を構築した。

　アントナッチのデュアルモメンタム投資のどこにメリットがあるのだろうと疑う人もいるはずだ。私もかつてはそうだった。モメンタムとは何なのかをとらえようと、これまでどれだけ無駄な努力がなされてきたことだろう。経験主義のリサーチャーが教えてくれるように、それは「信用しても、自分で確かめる以外にない」。しかし、私たちがどんなに努力して理解しようと努めても、アントナッチのシンプルで直観的で包括的なモデルにかなうものはない。

　新興国債券市場の元マーケットメーカーで、熟年と言われる40歳ですでに引退してマイアミに移り住んだ私の親友の一人は私によくこう言う——「価格が上昇すれば買い手を引きつけ、価格が下落すれば売り手を引きつける」。これは明らかにモメンタムの効果を言い表し

たものだ。アントナッチは、すべてのトレーダーが直観的に理解して使っているモメンタムという現象を、あらゆる種類の投資家が利用できるさらに高いレベルに引き上げてくれた。

　ところで、本書のような本が出版されるまでになぜこんなに時間がかかったのだろうか。答えは簡単だ。本書のような本には風変わりな著者が必要で、それはアントナッチをおいてほかにはいないからである。アントナッチはモメンタムの世界ではちょっと変わった人物だ。私とアントナッチは素敵な仲間たちに出会える場所を通じて知り合った。つまり、ブログロマンスというやつだ。それは私が http://www.alphaarchitect.com/ というクオンツ投資を普及させるためのブログに投稿するモメンタムの話を考えていたときのことだった。そのときに見つけたのが、アントナッチの「Absolute Momentum : A Simple Rule-Based Strategy and Universal Trend-Following Overlay」という論文だった。「あ、またか。また実践家が真面目な学者になりすまして投稿している」と私はとっさに思った。でも、とにかく私はアントナッチの論文を読んでみた。読めば読むほど、強く印象づけられる内容だった。論文はとてもよく書かれていた。明快で、構成が科学的で、学術誌の論文のようだった。これだったら大学で教えていても当然なのに、なぜ大学の教授じゃないんだ？　もっと調べてみよう。

　メールや電話で何度も話しているうちに、実際にアントナッチに会ってみたくなった。会ったのは――ブログロマンスってだいたいこんなところから進展していくものなのだが――、タホ湖で開催された2013年ウエスタン・ファイナンス学会年次総会だった。私たちは「オタクデート」をすることになった。有名な、あるいはあまり有名でない学者たちがいろいろなセッションへ慌ただしく行き来するのを見ながら、ハイアットリージェンシーホテルのロビーで彼を待っていた。すると、カーリーヘアで地味な男がジーンズに半袖の襟付きシャツといういでたちで、自信たっぷりに、しゃれた両開きのドアを通ってぶ

らぶらと歩いてきた。コカ・コーラのビンの底のような眼鏡をかけ、ツイードを着た学者たちとは明らかに違っていた。私は彼のほうを指差して、「もしかして、ゲイリー？」って聞いてみた。すると、彼はワイルドに笑って、「もしかして、ウェス？ 急いで！『リターンの相関関係から裁定資産を推定する』セッションに出よう」。こうして私たちの奇妙なブログ関係は相思相愛の関係へと発展した。

そのセッションが始まる時間はとうに過ぎていたので、ドアを出て金融セッションが行われている湖のほうに急いだ。着いたときには汗びっしょりで、息切れしていた。とてもじゃないが、進行中のプレゼンのドアを開けて、50人強の金融学の教授から殺人的なまなざしを向けられるという状態ではなかった。「ちょっとコーヒーでも飲んで落ち着こう。次のプレゼンに出ればいい」と私は提案した。閉じられた多くのドアの向こうで繰り広げられているプレゼンよりもはるかに素晴らしいプレゼンをそこで受けるとは夢にも思っていなかった。

アントナッチと私はコーヒーを飲みながらぶらぶらと歩いた。そして彼のバックグラウンドが次第に明らかになった。「私は軍隊にいてね、衛生兵として戦闘に参加していたとき……」とアントナッチが言いかけたとき、私は思わず口をはさんだ。「ちょっと待って。あなたはベトナム帰還兵なのですか？ ぼくはアメリカ海兵隊の大尉だったのです。そしてイラク戦争の帰還兵です！」。私たちはお互いに顔を見合わせ、この思いがけない偶然に驚いた。軍隊の経験は投資の世界で役立つことは知っていた。アントナッチは彼の変わったバックグラウンドを話し続けた。「ぼくはとてもクールなことをやってきた。インドに数年住んだり、しばらくコメディーマジシャンとしてツアーに出たり。それにアーティストとして賞ももらったことがある。ハーバードビジネススクールのMBA（経営学修士）も持っているんだ」。私は何が何だか分からなくなって、「もう1回言って？」と言った。

アントナッチが長年にわたって行ってきた偉業の話を1時間ほど聞

いていると私の頭は思考停止に陥った。そこで私は彼に質問した。「ゲイリー、あなたはちゃんとした仕事に就きたくないように思えるけど、なぜ学者にならなかったのですか？ あなただったら素晴らしい学者になれたと思うのに」。彼の答えは予想どおりだった。「ウェス、ちょうどそれを話そうと思っていたところだったんだ。ぼくがちょうどきみと同じ年のころ、きみと同じ道を進むはずだったんだ。シカゴ大学の金融博士号に出願して、合格した。本当は学者になりたかった」。話がだんだん見えてきた。それで私はまた質問した。「で、何があったのですか？」。アントナッチは常に正しい答えを用意しているかのように答えた。「博士課程に進もうと思っていたとき、オプションのトレードで大金を稼いでしまった。それに効率的市場仮説ってやつも信じられなかった。もし博士課程に入れば、お金儲けをあきらめなければならなくなってしまう。だって、彼らは市場を打ち負かすことはできないって言うんだよ！」。私は彼の返答をしばらく考えて思った。彼と同じ境遇だったら、私もおそらくは彼と同じことをやっただろうと。

　この話の教訓は何だろう。私はなぜアントナッチとの関係や経験をこんなに長々と説明したのだろうか。それは、私がそうだったように、アントナッチがたぐいまれな才能を持ったたぐいまれな人物だということをあなたに分かってもらいたかったからだ。アントナッチは、さまざまな分野の莫大な調査資料を集め、私のような悩めるモメンタムバカでも何が起こっているのかが理解できるようにまとめる力を持っている。これは確かだ。アントナッチのやったことは非常にチャレンジングなことだ。これには幅広い知識といろいろな分野にまたがって点を結び全容を明らかにする力を必要とする。これは実際にやったことのある私が一番よく知っている。私はバリュー投資と行動経済学を研究し、バリュー投資についての共著『クオンティタティブ・バリュー（Quantitative Value）』を書いた。論点はアントナッチのものとほ

ぼ同じだ。私の本は次のことに気づかせてくれる──①私はバフェットにはなれないこと、②富を増やす効果的な方法はシステマティックな意思決定プロセスと健全な投資哲学を組み合わせること。アントナッチの本もいくつかのことに気づかせてくれる──①私はアントナッチほど明確には書けないこと、②モメンタム投資はバリューアノマリーよりも優れているとは言えないまでも、同じくらいにトップレベルのアノマリーだということ。私は少しジェラシーを感じた。

　人々はアントナッチのこの素晴らしい本を読んでどう思うだろうか。今からワクワクしている。「古典」でいっぱいのバリュー投資に比べると、モメンタム投資には古典はないが、アントナッチの本は古典になるにふさわしい風格がある。本書はだれのモメンタムの棚にも最初に置くべき本だ。私と同じように本書を楽しんでもらいたい。そして、最も重要なことは、本書から何かを学び取って、より良い投資家になってもらいたい。

　　　　ウェスリー・R・グレイ博士（エンピリトラージ取締役兼
　　　　『クオンティタティブ・バリュー』の共著者）

謝辞

「私が遠くを見ることができたのは、巨人たちの肩に乗っていたから」――アイザック・ニュートン

　過去80年にわたってモメンタムを熱心に研究してきた多くの先人がいなければ、私は本書を書くことはできなかっただろう。辛抱強く手動計算し、1937年にモメンタムについての最初の定量分析の本を出版したアルフレッド・コールズ3世とハーバート・E・ジョーンズには特に感謝する。私を含めた実践家たちは、今でもコールズとジョーンズが提示した方法を踏襲している。

　本書を書くことを勧めてくれたウェス・グレイに感謝する。グレイと彼の同僚のデビッド・フォークは本書の内容を吟味し、貴重なフィードバックを与えてくれた。

　本書に対して洞察力あふれるコメントと貴重な貢献をしてくれたトニー・クーパーにも感謝する。また、貴重な提案をしてくれたシェリル・ベクウォー、リッカード・ロンコ、チャールズ・W・"ビル"・ホワイト、ジョン・ハーディンに感謝する。そして、最後に優秀な編集チームの面々に感謝する――ジョナサン・ロバットー、スティーブン・ミラー博士、ラリー・ペル、カイラ・キッツ――あなたがたの協力に心より感謝する。

はじめに
Preface

> 「株式市場の利益は小悪魔の宝物と同じだ。ざくろ石だと思っていたら、次の瞬間には石炭に変わり、ダイアモンドと思っていたら、次の瞬間には小石に変わるのだから。それはときにはオーロラ姫が甘い朝の草に落とした涙になるときもあれば、ただの涙になるときもある」──ジョセフ・デ・ラ・ベガの『コンフュージオン・デ・コンフュージョネス』（1688年）より

　MITの一流の金融経済学者であるアンドリュー・ローによれば、「バイ・アンド・ホールドはもう機能しない。ボラティリティが大きすぎるのだ。どんな資産もいつ突然リスクが上昇するか分からない」（「Why Buy and Hold Doesn't Work Anymore」『マネーマガジン』2012年3月号）。ウォーレン・バフェットのバークシャー・ハサウェイですら1998年から2回、その市場価値の50％近くを失った。

　PIMCOの元ヘッドであるモハメド・エルエリアンは次のように言った──「リスクを抑えるのに分散化だけではもう不十分だ。リスクをうまく管理する何かほかの手立てが必要だ」。分散化は投資の世界では長い間、唯一のフリーランチ（ただで手に入るもの）と呼ばれてきた。今ではお金を出してランチを食べなければならない者もいる。金融市場はだんだんと統合され、相関性が高まってきたため、複数資産による分散化はもはや投資家を大きな損失から守ることはできない。大きな損失を出せば、投資家は取り乱し、一時的に撤退するつもりが、時期尚早に投資をやめて、永遠に撤退することにもなりかねない。

　私たちに今必要なのは新しいパラダイムだ。市場リスクに動的に順応し、今日のボラティリティの高い市場の変動から私たちを守ってくれるパラダイムだ。下落リスクを限定しながら、市場を上回る長期的

リターンを稼ぐ方法が必要なのだ。本書はモメンタム投資によって望む結果を現実のものにする方法について書いたものだ。

モメンタム、つまりパフォーマンスの持続は、過去20年にわたって最も研究されてきた金融テーマの１つである。1800年代初期から今日に至るまで、モメンタムはほぼすべての資産クラスにわたって有効な戦略であることが学術研究によって示されてきた。長年にわたるこうした研究によって、学術界は今モメンタムを、常に高いリスク調整済みリターンを得るための「トップレベルのアノマリー」と位置づけている（ファーマ＆フレンチ［2008年］）。

しかし、投資家たちのほとんどはまだモメンタムの価値を発見できずにいる。私が本書を書いたのは、モメンタムに関する広範な学術研究と、まだまだ少ない現実世界における応用との間のギャップを埋めるのを手助けするためである。

本書では、モメンタムの原理を読者が簡単にかつ十分に理解できるように説明することに主眼を置いた。まずはモメンタム投資の歴史に始まり、近代の金融理論、モメンタムが機能する理由について説明する。そのあと、広範にわたる資産の選択と代替投資アプローチについて説明し、最後にデュアルモメンタムがなぜ理想的な投資手法なのかを説明する。デュアルモメンタムとは、私が賞をもらった研究論文で紹介したレラティブストレングスとトレンドフォローを組み合わせた投資手法だ。

また本書では、グローバル・エクイティ・モメンタム（GEM）というデュアルモメンタムの簡単な応用方法について説明する。GEMを使った投資家が、なぜアメリカの株価指数、世界の株価指数、アグリゲート・ボンド・インデックスのみを使って、過去40年以上にわたって、下げ相場での損失を防ぎながら、世界の株式市場のおよそ２倍の長期リターンを達成できたのかを説明していく。

富の蓄積に多大な時間と努力を費やす一方で、その富を保全し増や

す最良の方法を見つける研究と努力を怠る人が多いのには驚くばかりだ。リスクはあなたが何をやっているのかを分かっていないことから発生する。これはウォーレン・バフェットの言葉だ。本書はこういった状況を改善し、あなたを正しい道に導いてくれるはずだ。

　本書はモメンタム投資の概念を紹介するだけのものではない。投資家やプロの投資家が市場の力を理解し、この新たな知識から利益を得るのを手助けする実用ガイドでもある。

　本書はできるだけ多くの読者にとって、楽しく役立つものになるように心がけた。モメンタムをもっと掘り下げて調べたい人や、普通の読者でも理解できるように、参考図書や推薦図書も提示したので参考にしてもらいたい。近代金融の用語に詳しくない人のために用語集も用意した。それではそろそろ始めることにしよう。

第1章　世界初のインデックスファンド
World's First Index Fund

> 「専門家を信じるな」——ジョン・F・ケネディ

　今では、インデックスファンドについてよく知られるようになった。ウエルズ・ファーゴ（のちのバークレイズ・グローバル・インベスターズ）のジョン・マックォーンとビル・ファウズが、サムソナイト年金ファンドのためにNYSE（ニューヨーク証券取引所）のすべての株に投資した1971年がインデックスファンドの始まりだと思っている人が多いが、それは正しくない。インデックスファンドの本当の始まりはいつだったのだろうか。それをこれから話していこう（最初のインデックスファンドについて知りたい人は、ジョン・ボーグルの記事を参照してもらいたい。http://www.vanguard.com/bogle_site/lib/sp19970401.html）。

　私がインデックスファンドの本当の始まりを発見したのは、1976年、私がスミス・バーニーで働いていたときの偶然の出会いがきっかけだった。当時、スミス・バーニーはゴールドマン・サックス、ソロモン・ブラザーズ、ファーストボストンと並ぶ一流の投資銀行兼証券会社だった。ウォール街のほかの金融機関同様、リテール部門を拡大したいと思っていたスミス・バーニーは、リテール専門のハリス・アパムを買収した。こうした買収のあとではよくあることなのだが、スミス・バーニーはハリス・アパムのビジネスをそのまま存続させた。当時、ハリス・アパムは最高の店頭取引（OTC）部門を擁していた。その

部門を率いていたのがボブ・トポルで、彼はハリス・アパムの全OTC活動を統轄していた。

そのころはまだ電子市場はなく、OTC株を売買するにはいろいろな証券会社に電話して、各マーケットメーカーのビッドとオファーのスプレッドをチェックしなければならなかった。一流のOTCマーケットメーカーは会社にとって大きな利益を生む源泉だった。これは、OTC株のスプレッドが時として小型株のそれよりもはるかに大きかっただけではない。最良のOTCマーケットメーカーは、OTC株の莫大な在庫を維持するという優れた手腕によっても利益をたたきだすことができたのだ。彼らはビッド（買い気配）とオファー（売り気配）を微調整して、彼らが好きな銘柄に対しては大きなポジションを取り、嫌いなポジションに対しては小さなポジションやショートポジションを取ることができた。銘柄選択にかけてはトポルの右に出る者はいなかった。トップの機関投資家はトポルと取引して、彼らが興味を持つ銘柄に対する彼の考えを聞きだすと同時に、トポルが保持する流動性の高い大きな在庫のなかで彼らのトレードを執行してもらった。

スミス・バーニーはトポルを擁することを誇りに思っていた。販売員がトポルのことをもっとよく知り、彼のやり方でビジネスをやることに心地良さを感じるように、彼らは彼に全支店を巡回させた。ハリス・アパムの買収の直後、トポルは自己紹介と彼が私たちのためにできることを説明するために私たちのオフィスにやってきた。私の目を開かせてくれたのは、トポルでもトポルがやったことでもなく、彼が私たちに語ったストーリーだった。

トポルがやってきたのはランチの1時間ほど前だった。彼は印象深いプレゼンでOTCマーケットメーキングを詳細にわたって説明した。トポルがなぜこれほどまでに称賛され尊敬されているのかは、そこにいるだれにとっても明白だった。私の同僚の一人は、トポルの優れたトレード能力と利益を生みだす能力を絶賛した。彼は礼を言って椅子

に戻り、ひと呼吸してから何気なく次のように言った──「そう、私はうまくやってきた。でも、私よりうまくやってる人のことを聞きたくはないかい？　その人物は私が知るかぎりだれよりも市場で成功してきた人物だ」。

　私たちはみんな襟を正して座り直した。みんなトポルに注目した。話の続きを促すように彼を見つめていると、トポルは話を続けた。「私の知る最良の投資家、私が知るプロのマネーマネジャーのだれをもアウトパフォームしている投資家は、私の妻のディーだ。彼女がどうやってそれをやっているのか、知りたいかい？」

　ビッグフット（先住民の間に伝わる未確認動物）が部屋に入ってきたとしても、だれも気づかなかっただろう。業界一のトップトレーダーでトップマーケットメーカーの一人であり、世界中のベストなマネーマネジャーと一緒にビジネスをやってきたトポルが、彼らのだれよりも優れた投資家は彼の妻だと言うのである。これから彼は彼女がどうやってそれをやっているのか話してくれるのだ。部屋は水を打ったように静まり返った。

　静けさを無視するかのように、彼は続けた。「ディーはとても愛国心の強い女性だ。それで何年も前に名前にUSとかアメリカという文字の入ったすべての株を買うことにした。彼女が買った株は、USスティール、USシュー、USジプサム、アメリカン・エアラインズ、アメリカン・ブランズ、アメリカン・カン、アメリカン・サイアナミッド、アメリカン・エレクトリック・パワー、アメリカン・エキスプレス、アメリカン・グリーティングス、アメリカン・ホーム・プロダクツ、アメリカン・ホスピタル・サプライ、アメリアン・インターナショナル・グループ、アメリカン・ロコモティブ（これは少し前に買った）、アメリカン・モーターズ、アメリカン・サウス・アフリカン、アメリカン・テレフォン＆テレグラフ、ブリティッシュ・アメリカン・タバコ、ノース・アメリカン・エビエーション、パン・アメリカン・

エアラインズ……小さい会社をあげればきりがないほどだ」

含み笑いし始める者もいた。彼が真面目なのか、からかっているのか、私たちには分からなかった。しかし、彼は至って真面目に思えた。彼は話を続けた。「ディーはこの方法でうまくやってきた。何年かたつと、別の銘柄も買いたくなった。彼女はアイゼンハワー将軍（ゼネラル）とマッカーサー将軍を尊敬していたので、ゼネラルと名がつく銘柄を買うことにした。彼女が買った銘柄は、ゼネラル・ダイナミックス、ゼネラル・エレクトリック、ゼネラル・ミルズ、ゼネラル・モーターズ、ゼネラル・マリタイム、ゼネラル・スティール、ゼネラル・テレフォン、ダラー・ゼネラル、マーキュリー・ゼネラル、メディア・ゼネラル、ポートランド・ゼネラル・エレクトリックなどだ。それ以来、彼女は私が知るだれよりも素晴らしいポートフォリオを構築し続けた。これは本当のことなんだ、神に誓って」

だれもがトポルを笑って無視し、面白がっているように見えた。そこで私たちはランチ休憩に入った。でも、日がたつにつれ、ディーのことが頭から離れなくなった。確かにディーは巧妙な投資情報を知る手段を持っていた。トポルと30年にわたって結婚していただけでなく、ディーの父親はOTCマーケットメーキングの会社を所有していた。しかし、ディーはあんなあどけない戦略で、なぜ長年にわたって世界のベストマネーマネジャーたちをアウトパフォームしてきたのだろうか。私は自問し続けた。彼女はただ単にラッキーだったのだろうか。数週間後、その答えが分かった。

それはなぜうまくいったのか

まず第一に、ディーのポートフォリオは取引コストがあまりかかっていなかった。一度買ったら永遠に持ち続けるからだ。当時、手数料は非常に高かったため、これはコストの削減に役立った。さらに、デ

ィーのポートフォリオは、市場パフォーマンスに感情的に反応して、タイミングの悪い売買を行うといったことはなかった。あとで見ていくが、感情は投資リターンにとって大きな妨げになることが多い。

ポートフォリオの回転率の低さや、感情に基づく意思決定をしないことだけが、彼女のポートフォリオの優秀さを物語るものではない。彼女はだれにも運用報酬を支払う必要がなかったのだ。投資信託やそのほかの一任勘定口座に投資している投資家がこういった手数料を支払わなければならなかったのに対し、彼女はこれで少なくとも年に1％は節約できた。

最後に、ディーのポートフォリオは非常によく分散化されていた。当時は投資ポートフォリオはこれほど分散化されてはいなかった。通常、投資家たちは、ディフェンシブな投資スタイル、成長株への投資、大型株への投資といった具合に、特定の投資スタイルを好む傾向がある。当時はエイボン、コカ・コーラ、ディズニー、IBM、コダック、マクドナルド、メルク、ポラロイド、ゼロックスといった大型の「魅力的」な株に人気があった。こうしたニフティ・フィフティ（「人気の50銘柄」。もともとは米国株式市場の1960年代後半から1972年末にかけてのブル相場において集中的に人気を集めた優良銘柄群を指す）は、時には桁はずれのPER（株価収益率）で売られることもあった。例えば、1970年代のマクドナルドのPERは68、ジョンソン＆ジョンソンは62、コカ・コーラは48といった具合だ。こういった極端に高いPERが正当化されるのは、いまやいくつかの国のGDP（国内総生産）よりも大きくなったこれらの会社の価値が、そのPERに見合った成長率を見せたときだけだろう。有名な経済学者のケネス・ボールディングはかつて次のように言った――「永遠に成長し続けると考える人は、狂人か経済学者くらいなものだ」（バブルのときのような持続不可能な成長率予測は、効率的市場仮説の根底にある合理的な予測に反する）。

ディーのランダムに構築されたポートフォリオは、特定のバイアス、つまり特定の投資スタイルに沿って構築されたものではなかった。ディーのポートフォリオはまるで市場そのものだった。小型株、大型株、バリュー株、成長株などがバランスよく含まれていた。実際、ディーのポートフォリオはS&P500インデックスよりもバランスの取れたポートフォリオだった。ディーは図らずも世界初のインデックスファンドを、しかも素晴らしいインデックスファンドを構築していたのである。彼女が必要としたのは辞書だけで、ブローカーもマネーマネジャーも不要だった。

この話から得られる教訓

ディーが成功した理由を知ったとき、私は人生が180度変わるほどの衝撃を受けた。ディーがなぜ成功したのかを私なりに理解し、そのなかから得た教訓を以下に示す。

- コストはできるだけ抑えることが大事。これは、リスク調整済み超過リターン（アルファ）を稼ぐ最も簡単な方法。
- 同じような特徴の異なる名前の銘柄を選ぶのではなく、企業の大きさ、投資スタイル、産業の集中度などに基づいて広範にわたって分散化することが重要。
- 市場を打ち負かすのは簡単ではない。これをやれる投資家はほとんどいない。したがって、市場ポートフォリオを複製するのは良い方法かもしれない。

こうしたことに気づいた私は、ブローカービジネスをやめることを決意した。高いコストをかけて過度に集中したポートフォリオを構築し、見えないフィニッシュラインを目指して、ほかの株式ジョッキー

と張り合うことが無意味に思えてきたのだ。

　プロの資産運用の世界で仕事を続けるには2つの選択肢があった。1つは、効率的市場の支持者になること。これはミッキーマウスマニアになるようなもので、くだらなく思えた。私にとって効率的市場とは天動説に基づく天文学のようなものだった。どちらも推測的仮定に基づいているという意味では同じだ。もう1つの選択肢は、効率的市場仮説を反撃するドン・キホーテになることだった。

効率的市場

　1970年代中ごろには、効率的市場仮説（EMH）は、この仮説さえ信じなければ聡明だったはずの人々に強い感銘を与えていた。効率的市場仮説とは、株価はすべての公開情報をすでに織り込んでいるという考え方だ。つまり、市場を打ち負かせる人はいないということになる。

　私も一時期だが、効率的市場仮説と戯れていたときがある。シカゴ大学の金融博士課程に応募して、合格した。そこはまさに効率的市場仮説のとりでだった。しかし、シカゴ大学の異端児になることを恐れて、私は博士課程には進まなかった。

　効率的市場という考えは、1800年代にチャールズ・ダウ（ダウ・ジョーンズ社と『ウォール・ストリート・ジャーナル』の創始者）が市場を情報の効率的処理マシンと言ったことに端を発する。彼は次のように言った――「市場は、内外の金融に関するすべての情報を取り込んだ無血の評決者だ。それゆえ、市場の動きはすべての人が知り、期待し、信じ、予測するすべてのものを表している」。ジョージ・ギブソンは1889年に書いた著書『ストック・マーケット・オブ・ロンドン・パリ・アンド・ニューヨーク（The Stock Markets of London, Paris, and New York)』のなかで次のように述べている――「株式

は公的市場のなかで一般に認識される。その価値は、その株式に関するあらゆる情報の審判とみなすことができる」。効率的市場仮説の支持者たちはのちに、価格は入手できるすべての公開情報を反映しているという考え方を主張するようになった。

ルイ・バシュリエが1900年に書いた博士論文には、効率的市場仮説のより明確な論理的根拠が示されている。バシュリエは株式市場の買い手と売り手の行動を、流体に浮遊する粒子のランダムな動きにたとえ、株価の動きはランダムであり、それを予測することは不可能であると結論づけた。さらにそれに先立つ1863年には、ジュールズ・ルニョーが、ランダムモデルを使って、株価の偏差は時間の平方根に正比例すると述べているが、確率過程を正確にモデル化した最初の人物はバシュリエだった。これはスコットランドの植物学者のロバート・ブラウンにちなんでブラウン運動と呼ばれた。ブラウンは水中に浮遊する花粉の微粒子がランダムな動きをすることを1826年に発見した。これは長い間原因が不明だったが、1905年、アインシュタインがブラウン運動を数学的に説明することに成功した。しかし、バシュリエはアインシュタインよりも５年前に書いた博士論文のなかでそれを説明していた。バシュリエは確率理論の先駆的研究においても時代を先取りしていた（彼の論文では、連続確率過程を表すチャップマン・コルモゴルフ・スモルコフスキーの方程式と、アインシュタイン・ウィーナーのブラウン運動プロセスの微分を使って、アインシュタイン・ウィーナーのブラウン運動プロセスが熱拡散の偏微分方程式の解であることを示している。彼の研究はマルコフ性、フォッカー・プランク方程式、伊藤の微積分、ドゥーブのマルティンゲールの基礎になった）。

バシュリエは1900年、博士論文を『セオリー・オブ・スペキュレーション（The Theory of Speculation）』という本にして出版した。しかし、この本は、統計学者のレオナルド・"ジミー"・サベージが確率の歴史をひもとくなか、本書を再発見するまでは脚光を浴びることは

なかった。サベージは投機市場に関するバシュリエの先駆的研究に深く感銘を受け、それについて書いたポストカードを1950年代半ば、10人ほどの経済学者に送った。

そのころ、ポール・サミュエルソンも同様のアイデアに取り組んでいた。サベージからポストカードをもらったサミュエルソンはバシュリエの存在を知ることになる。バシュリエの研究にヒントを得たサミュエルソンは、平衡理論をまとめることに成功した。そして1965年、サミュエルソンは効率的市場に関するバシュリエのアイデアを基に、その後大きな影響を及ぼすことになる論文を発表した。

その後、サミュエルソンは経済学の教科書としてベストセラーになる『経済学』（岩波書店）を発表した。本書で彼は効率的市場仮説を強く支持している。ノーベル経済学賞が設立されてから２年目の1970年、サミュエルソンはアメリカ人初のノーベル経済学賞に輝いた。

私は効率的市場仮説も研究していたが、グレアムとドッド（1951年）、ダーバス（1960年）、ソープとカソウフ（1967年）、レビー（1968年）といった投資の実用書も読んだ（レラティブストレングス・モメンタムをベースとする投資法を使ったダーバスとレビーの研究については次の章で詳しく説明する）。

私はまたジョン・ネフ、ウィリアム・ルアン、ウォルター・シュロス、マックス・ハイネといった有名な投資信託のファンドマネジャーもよく知っており、私の顧客には優れたヘッジファンドマネジャーもいた。彼らの全員が常に市場をアウトパフォームしていた。彼らのアウトパフォーマンスは運によるものだけだとは考えられなかった。彼らの成果は学者が言うことと明らかに対立していた。学者は効率的市場仮説の価値を称賛していたが、こうした実践家たちはまったく違うことをやって、成功していたのだ。

市場価格のアノマリーについて初めてしっかりとした研究を行った経済学者の一人であるアンドリュー・ローは、何年も前にテクニカル

分析を厳密に研究したときのことを述べている。彼は株価のなかに予測可能なパターンを発見したのである。当時の学者にとって、これは邪悪以外の何物でもなかった。彼が研究結果をMITの同僚の一人に見せると、彼は「きみのデータは間違っているんじゃないのか」と言ったという（ローは、効率的市場の本として人気の高かったバートン・マルキールの『ウォール街のランダム・ウォーカー』［日本経済新聞社］に対抗して、『ノン・ランダム・ウォーク・ダウン・ウォール・ストリート［A Non-Random Walk Down Wall Street］』という本を共著して出版した）。

　平衡リターンモデルに関して市場は効率的なのかどうかは分からない。これをジョイント・ハイポセシス問題と言う（効率的市場仮説と推定モデルのどちらが間違っているのかは分からない）。もし平衡リターンモデルによって市場を予測できるとするならば、モデルが間違っているか、市場が効率的ではないかのいずれかになる。ローの研究があまりにも素晴らしかったため、同僚は彼のデータが間違っていると思ってしまったのである。ニーチェは、「確信とはウソよりも危険で、真理にとっての敵である」という言葉を残している。効率的市場仮説は堅固な支持者たちにとって一種の信念体系になっていた。つまり、宗教のようなものだ。世界で最も成功したヘッジファンドマネジャーで、これまでに396億ドル稼いできたジョージ・ソロスは2003年、効率的市場仮説を「市場の原理」と呼んだ。ハレルヤ！　1970年代と1980年代はまさに効率的市場仮説の天下だった。

　ウォーレン・バフェットは1988年のバークシャー・ハサウェイの会長からの手紙で次のように述べている──「効率的市場仮説が学者だけでなく、投資のプロや機関投資家たちからも受け入れられているのは素晴らしいことだ。市場が"往々にして"効率的であることを観察した彼らは、市場は"常に"効率的であると結論づけた。この違いは夜と昼ほどの違いがある」（http://www.berkshirehathaway.com/

letters/1988.html を参照のこと）。

　一方、完璧な効率的市場と投資家の合理性では説明がつかない現象も現れた。クローズドエンド型投資信託のプレミアム、裁定されない政府保証によるモーゲージ証券、価格が長期にわたって本質的価値から大きく逸脱する市場バブルなどがそうだった。

パッシブ投資に取って代わるもの

　市場を打ち負かすのは簡単なことではないが、それは不可能ではないかもしれないと私は考えるようになった。そこで私は、市場の真のアノマリーと非効率性を見つけてそれを有効に使うという手ごわい仕事に乗り出した。ドン・キホーテよ、どいてくれ。

　1970年代の終わり、私はデリバティブベースのヘッジファンドを運用するというアイデアを思いついた。LTCM（ロングターム・キャピタル・マネジメント）よりもずっと以前のことだ。当時、一般に入手できるデータフィードがなかったため、電気技師を雇って、株価ボードを分解して、そのデータフィードをマイクロプロセッサーに落とし、それを私たちのオフィスのミニコンピューターに取り込んだ。ありとあらゆるオプション取引フロアのマーケットメーカーと連携して、最初はうまくいっていた。しかし、のちにLTCMに降りかかるのと同じ運命にさらされることになる。原因はLTCMと同じだった。つまり、レバレッジの掛けすぎに、異常な事態が重なったのだ。でも、「裁定の限界」には達していなかったし、FRB（連邦準備金制度理事会）のお世話にならなくても済んだ（ニューヨーク連邦準備銀行はウォール街の崩壊を防ぐために36億2000万ドルのLTCM救済措置を講じた。ロジャー・ローウェンスタインは『天才たちの誤算——ドキュメントLTCM破綻』［日本経済新聞社］で２人のノーベル経済学賞受賞者を擁するLTCMの盛衰を興味深く描いている）。市場には利用できるア

ノマリーが必ず存在する。これを信じて、私は再び歩きだした。。

　1980年代初期、また別の有望なアイデアを着想した。コモディティファンドを設定して、ベイジアンベースのポートフォリオ最適化モデルを使って、資産をポール・チューダー・ジョーンズ、ルイス・ベーコン、リチャード・デニス、ジョン・W・ヘンリー、アル・ウェイス、トム・ボールドウィン、ジム・シモンズといった世界のトップレベルのトレーダーたちに配分した。彼らは成功しただけでなく、彼らの結果は互いに異なるトレーディングアプローチと分散したポートフォリオとによって相関性がほとんどなかった。ポートフォリオの分散化はこの状況にぴったりフィットし、私の投資パートナーシップも発展していった。

　ポール・チューダー・ジョーンズのトレード方法を見ていて、私が効率的市場仮説を拒否したのは正しかったことを確信した。効率的市場仮説の世界を飛び出したことは正しかったことが正当化されたような気がした。しかし、これほどの機会をまた見つけることができるのかどうかは分からなかった。

　しかし、私は機会を探し続けた。コモディティトレードには運用できる資産に限界があった。トップトレーダーたちはゆくゆくは投資家の資金を償還して、自らの口座でトレードするようになるだろう。私のトレーダーのなかにもこういう人が現れた。1970年代から1990年代にかけて投機家がエンジョイしてきたコモディティの大きなリスクプレミアムは2000年代には大幅に減少した。多くの投機家が市場に参加するようになり、その結果、ヘッジャーが提供する限られたリスクプレミアムを多くの投資家の間で分け合わなければならなくなったからだ。先に進む時期に来ていた。システマティックな価格のモメンタムという同じ原理を使って、市場トレンドをつかむ次の機会を得るまでに20年近くもかかろうとは、そのときの私は知らなかった。

形勢の変化

　1990年代には行動経済学が注目されるようになり、合理的期待と効率的市場仮説は試練のときを迎えた。1992年、ノーベル経済学賞を受賞したロバート・シラーは、「効率的市場仮説は経済理論の歴史のなかで最も重大な誤ちの1つである」と述べている。

　それ以前にも、有名な経済学者たちは彼らのお金をアクティブ運用で増やしていた。ウォーレン・バフェットの右腕として知られるチャーリー・マンガーは次のように書いている――「世界で最も偉大な経済学者の一人は長い間バークシャー・ハサウェイの大株主だった。彼の教科書には、株式市場は完璧に効率的で、だれもそれを打ち負かすことはできないと書いてあるが、彼自身はお金をバークシャー・ハサウェイで増やしてお金持ちになった」（チャーリー・マンガーが1994年に南カリフォルニア大学マーシャル・スクール・オブ・ビジネスで行った講義「A Lesson on Elementary Worldly Wisdom as It relates to Investment Management and Business」を参照のこと）。

　フォーチュン誌によれば、その経済学者とはベストセラーになった教科書が効率的市場を支持し、効率的市場仮説を裏づける学術的な証拠を提示したあのポール・サミュエルソンだったのだから驚くばかりだ（フォーチュン誌1998年10月号のD・サットン著「The Berkshire Bunch」を参照のこと）。

　バンガード・グループのジョン・ボーグルは、1974年にサミュエルソンが書いた論文「Challenge to Judgment」に刺激を受けて、1976年に初めての上場インデックスファンドを立ち上げた。のちにサミュエルソンは、ボーグルの発明（愚行と呼ぶ人もいた）について次のようにコメントした――「ボーグルのこの発明を、私は車輪、アルファベット、グーテンベルクの活版印刷、ワインとチーズの発明と同等に位置づける。この発明はボーグルを金持ちにしてくれることはなか

ったが、受益者たちの長期的リターンは上昇した。非常に斬新なものだ」(2005年11月15日のBoston Security Analysts Societyでのスピーチを参照)。

　サミュエルソンは最初の上場インデックスファンドの火付け役となり、それを絶賛する一方で、彼のお金はウォーレン・バフェットがアクティブ運用している。車輪もアルファベットもグーテンベルクの活版印刷も、結局、大したことはなかったということか。

モメンタムアノマリー

　効率的市場仮説の正当性に疑問を抱く人が増えるなか、学術界では興味をそそる理論が登場した。急成長している行動経済学は、投資家は常に合理的にそして自分にとって最も有利になるように行動しているのかを問う学問だ。感情的で非合理的な動きをしている人々は、価格を予測可能な方法で基本的価値からシステマティックに乖離させる可能性がある。非合理的な投資家によってアノマリーは存続するため、市場は打ち負かすことができるのではないか。そんな可能性のなかで、1990年代初期からモメンタムが学術コミュニティーで注目され始めた。モメンタムのさまざまな特徴を説明するのに、人間の行動に起因する要素を使うことができるのではないか。

　多くの学者たちによってモメンタムの研究が長年にわたって行われるなか、効率的市場仮説の創始者の2人——ユージーン・ファーマとケネス・フレンチ——もモメンタムに注目し始めた。2人はこれを「トップレベルのアノマリー」と呼んだ(ファーマとフレンチ[2008年]を参照)。モメンタムはパワフルで、持続し、一般に知られるリスクファクターでは説明することができなかった。

　効率的市場仮説が近代金融学に対する影響力を失う一方で、モメンタムは次第に力を増し、効率的市場仮説を否定するモメンタムの研究

結果は知識体系に大きく寄与するようになった。

　このあとの章では、学術界におけるモメンタム研究のベストな要素を組み合わせ、私自身のアイデアも取り入れながら、モメンタムを使って、小さなリスクで大きな利益を得るためのシンプルで実用的な手法を考え付くまでの経緯について説明していく。さらに、長期的に高い期待リターンを持つ大きな流動的市場にこの手法を応用する方法についても説明する。

　その前に、モメンタムが効果的でなぜ長い間存続してきたのかを理解してもらうために、モメンタム理論の歴史を見ていきたいと思う。また、モメンタムがなぜ近代金融学という謎に満ちた世界にフィットするのかも示していく。そして、モメンタムがなぜ機能するのかを理解してもらうために、モメンタムの論理基盤についても見ていく。そのあと、資産選択と代替投資機会について見ていく。そして、シンプルで効果的なモメンタムをベースとするモデルを紹介する。

　私のモデルを紹介したあとは、ほかのモメンタムアプローチとデュアルモメンタムを使った応用について見ていく。本書を読み終えるころには、モメンタムは言うに及ばず、利益を得るために必要なすべてのことが理解できていることだろう。

第2章　上昇するものは……上昇し続ける
What Goes Up...Stays Up

> 「競争は常に速い者が勝つとは限らない。戦闘にしても、必ずしも強い者が勝つわけではない。しかし、賭けをするときは、速くて強い者に賭けるのがよい」──デイモン・ラニヨン

　モメンタムとは何だろう。それは投資においてパフォーマンスが継続することを言う。パフォーマンスの良い投資は良いパフォーマンスが続き、パフォーマンスの悪い投資は悪いパフォーマンスが続く。

古典的アイデア

　モメンタム投資は長い歴史を持つ。これからその進化の歴史を紹介していく。モメンタムという概念はニュートンの運動の第一法則に始まる。物体は運動の現状を維持しようとする性質を持つ。これがニュートンの運動の第一法則だ。ニュートンがこの法則を考えついたとき、投資を脳裏に思い浮かべたとは思えない。もしそうだったのなら、木から落ちるリンゴにより注意を払い、上昇するものは必ず落ちてくることをしっかり自分に言い聞かせたはずだ。ニュートンは1718年から1721年にかけて起こった南海バブルで、遅く買いすぎ、長く持ち続けたために財産を失った。ニュートンはのちに次のように言っている──「星の動きを計算することはできるが、人間の狂気を計算することはできない」。こう思ったのはニュートンだけではなかった。

　投資におけるモメンタムの原理について最初に言及した人物は、偉大な経済学者のデビッド・リカードだった。1838年、リカードは「損

失を減らし、利を伸ばせ」と言った。彼が上昇モメンタムだけでなく、下落モメンタムのことも考慮していたのは注目に値する。彼は42歳で引退したが、そのとき現在の金額で6500万ドルの富を築いていた。

20世紀初期のモメンタム

規律ある投資スタイルとしてのモメンタムの原理は20世紀初頭にもあった。1923年に初版が出版された、ジャーナリストのエドウィン・ルフェーブルによるかの有名な『欲望と幻想の市場』(東洋経済新報社)の底流を流れるのはモメンタムという概念だ。これは伝説の相場師であるジェシー・リバモアをモデルにした小説である。リバモアはかつて次のように言った――「ビッグマネーは個々の小さな上下動のなかにあるのではなく、相場全体のトレンドのなかにある」。トレンドフォローはモメンタム投資の一形態だ。リバモアは株価が高値を更新したときに買うというモメンタムの考え方を紹介している。「株というものは、買い始めるのに高すぎるということはないし、売り始めるのに安すぎるということもない」と彼は言っている。これはまさにモメンタム投資のことを言っている。

リチャード・ワイコフも1920年代からモメンタムの原理に重点を置いた本を書いている。1924年に書いた『ハウ・アイ・トレード・イン・ストック・アンド・ボンド――ビーイング・サム・メソッド・エボルブド・アンド・アダプテッド・デューリング・マイ・サーティスリー・イヤーズ・エクスペリエンス・イン・ウォール・ストリート（How I Trade in Stocks and Bonds : Being Some Methods Evolved and Adapted During My Thirty-Three Years Experience in Wall Street)』では、彼はアキュムレーション・ディストリビューション・サイクルの上昇フェーズで上昇トレンドにあるときに、最も強い指数のなかの最も強いセクターで最も強い株を買うことを勧めている。彼

は自分のアイデアに沿った投資でひと財産築いたあと引退し、ハンプトンズに移り住み、ゼネラル・モーターズの伝説的会長であるアルフレッド・P・スローンの隣の9.5エーカーの土地に豪邸を建てて住んでいる。

　ベストセラーになった『セブン・ピラーズ・オブ・ストック・マーケット・サクセス(The Seven Pillars of Stock Market Success)』(1939年)では著者のジョージ・シーマンズは、上昇しているときは最も強い株を買い、下落しているときは最も弱い株を売ることを勧めている。これはまさにレラティブストレングス・モメンタム投資のことである。

　定量的アプローチでは、1920年代の終わりから、バリューライン・インベストメント・サーベイ創始者のアーノルド・バーンハードがレラティブストレングス価格モメンタムと利益成長モメンタムを使って投資に成功している。バリューラインのウェブサイトによれば、グループ1の銘柄は過去1年のパフォーマンスが最も高く、利益成長が加速している銘柄だ。1965年から2012年まで、グループ1の銘柄は配当支払い前の平均年次リターンが12.9％で、これに対してS&P500は6.1％だった。グループ5の銘柄は年間損失が9.8％だった。株価の直近の10週の平均相対パフォーマンスを52週の平均相対価格で割ったものがプライス・モメンタム・ファクターで、バリューラインは今でもこれを使っている。

　ハロルド・M・ガートレーは1920年代にモメンタムをベースとする相対速度格付け法を考案した。そのあと、ダウ理論信奉者であるロバート・レアが1932年にその著書『ダウ・セオリー(The Dow Theory)』のなかでこの格付け法を発表した。ガートレーは1945年にファイナンシャル・アナリスト・ジャーナル誌のなかで「Relative Velocity Statistics: Their Application in Portfolio Analysis」という論文も書いている。この論文で彼は次のように述べている——「従来の株価評価法に加え、速度も考慮すべきである。株価の速度とは、

株価の平均に対する上昇率または下落率を測定した株価のボラティリティのテクニカル・ファクターである」。これもまたレラティブストレングス価格モメンタムのことを言っているのである。

ガートレーは1935年に書いた『プロフィット・イン・ザ・ストック・マーケット（Profits in the Stock Market）』のなかで、トレンドフォロー移動平均を紹介している。バーンハードとガートレーは２人とも定量的なルールベースのモメンタム戦略の先駆者だったのである。

モメンタムについて科学的に研究した最初の学術論文は、1937年にアルフレッド・コールズ三世とハーバート・E・ジョーンズが書いたものだ。コールズは有名な経済学者で、コールズ経済研究基金を設立した。最初はシカゴ大学で教鞭を執っていたが、今はエール大学の教授だ。当時、まだコンピューターはなく、コールズとジョーンズは1920年から1935年までの株式パフォーマンスを手動で計算した。当時、これは異例の偉業だった。こうしてまとめたデータを基に、コールズとジョーンズは前年強かった銘柄は翌年も強さを維持する傾向があることを発見した。「1920年から1935年までの期間において１年ごとに測定したところ、ある年にメジアンを上回っていた銘柄は翌年もメジアンを上回る傾向がはっきりと見てとれた」と彼らは述べている。今日のレラティブストレングス・モメンタム・アプローチも基本は同じだ。コールズとジョーンズが導き出した結論は、彼らが最初に発表した1937年と同じように今日でも有効なのである。

20世紀中盤におけるモメンタム

1950年代、ジョージ・チェスナットは株式と業界のレラティブストレングス・モメンタムを格付けしたニュースレターを発行した。ニュースレターの読者にチェスナットが与えたアドバイスは以下のとおりである。

どちらが良い戦略だろう。市場を上回る強い銘柄を買うことか、それともやがて市場に追いつくことを期待して市場を下回る銘柄を買うことか。何千という個々の例をまとめた統計によると、確率が最も高いのはどちらかはっきりしている。市場を上回る銘柄を買うことのほうが、市場を下回る銘柄を買うよりも何倍も良い。市場においても、人生においても、強者はより強くなり、弱者はより弱くなるのである。

チェスナットは1961年にもレラティブストレングス投資についての本を書いており、このアプローチを使ってアメリカン・インベスターズ・ファンドを運用して成功している。1958年1月から1964年3月まで、このファンドは累積リターンとして160.5％を達成している。これに対してダウ・ジョーンズ工業株平均は82.6％だった。

チェスナットは脚光を浴びることはなかったが、同年代に脚光を浴びた別のモメンタム投資家であり投資信託のファンドマネジャーがいた。ジャック・ドレイファスである。彼はウォール街のライオンと呼ばれた。

2万ドルの借金でキャリアをスタートさせたドレイファスは、引退したときには億万長者になっていた。彼の投資哲学は、「下降しているエスカレーターに乗っているものに賭けるよりも、上昇しているエスカレーターに乗っているものに賭けたほうがよい」だった。ドレイファスはチャートパターンの高値を更新した銘柄のみを買った。1953年から1964年まで彼のドレイファス・ファンドは604％上昇した。これに対してダウ・ジョーンズ工業株平均は364％だった。

フィディリティの2つの小さなファンドは、ドレイファスの投資テクニックをまねし始めた。これらのファンドは1946年にフィディリティ・マネジメント・アンド・リサーチを創設したエドワード・"ネッド"・

ジョンソン二世と、フィディリティ・キャピタル・ファンドのマネジャーであるジェラルド・ツァイによって運用されていた。ツァイは華やかな性格で、モメンタムを支持し、モメンタム投資の人気を高め、メディアで有名人扱いされた初めての投資信託のファンドマネジャーになった。彼は1965年にマンハッタン・ファンドを創設し、初年度には2500万ドル集める予定が、1日で2億7500万ドル集まった。

　ドレイファスの影響を受けた人物がもう一人いる。インベスターズ・ビジネス・デイリーの発行者であるウィリアム・オニールだ。オニールのモットーは、「強いものを買い、弱いものを売る」だ。オニールの有名なCANSLIMアプローチの特徴の1つは、ほかの銘柄をアウトパフォームしている銘柄を買い、ほかの銘柄をアンダーパフォームしている株を売れ、である。これはモメンタムのプレーブックからそのまま抜き出してきたようなアイデアだ。オニールは、「価格が高すぎて大多数の人にとってはリスクが高いと思われるような株は最終的には上昇し、価格が安い株は下落することが多い」と言っている。彼のCANSLIMアプローチが掲載されている彼の著書『オニールの成長株発掘法【第4版】』(パンローリング)は1988年から200万部を超える大ベストセラーだ。

　1960年代にもニコラス・ダーバスが『私は株で200万ドル儲けた』(パンローリング)など刺激的な面白い本を何冊か出版した。『私は株で200万ドル儲けた』はプロのダンサーとして世界中を旅しながら、ブローカーに売買注文を送るという冒険物語だ。彼は高値を更新した強い株を買い、それをモメンタムが弱まるまで持ち続け、そして新たに高値を更新した株と入れ替えるという手法で200万ドル稼いだ。

　ギルバート・ハラー(1965年)は『ハラー・セオリー・オブ・ストック・マーケット・トレンド(The Haller Theory of Stock Market Trends)』という著書のなかで同様の「最強の銘柄」戦略を推奨している。ジョージ・ソロス(2003年)は、ポジティブ・フィードバック・

"リフレキシビティー"と呼ばれるモメンタムの変化形を使って、1960年代と1970年代にコングロマリットと不動産投資信託（REIT）で大きな利益を上げた。ソロスによれば、買いは自己強化プロセスのなかで新たな買いを生む。第4章では、行動要因によるポジティブ・フィードバック・トレーディングはモメンタムの重要な性質の1つであることを見ていく。

　モメンタムは投機的コモディティトレードの背後にあるエンジンとして機能してきた。リチャード・ドンチャンが初めてのマネージド・フューチャーズ・ファンドを立ち上げたのは1949年のことだった。ドンチャンは、株式やコモディティの値動きは、トレードしている人々の感情を反映しているため、楽観的すぎるか悲観的すぎることが多いと思っていた。トレンドフォロワーは価格のこの過剰な動きによって利益を得ることができると彼は信じていた。

　1960年、ドンチャンは彼の5日移動平均と20日移動平均によるトレンドフォローシステムを紹介するウィークリー・コモディティ・ニュースレターの発行を始めた。よく知られる彼の4週チャネル・ブレイクアウト・メソッドはエド・スィコータやリチャード・デニスなどの偉大なトレーダーに刺激を与えた。デニスは彼の弟子であるタートルトレーダーたちにドンチャンのチャネル・ブレイクアウト・システムの変化形を教え、彼らの多くがCTA（商品投資顧問業者）として成功を収めた（コベルが2007年に書いた『ザ・タートル──投資家たちの士官学校』［日経BP社］を参照）。スィコータはマイケル・マーカスやデビッド・ドルーズなど大成功を収めたトレーダーも教育し、最初の大型商用コンピューター・トレーディング・システムを開発した。ジャック・シュワッガーは『マーケットの魔術師』（パンローリング）のなかでスィコータのことを、「スィコータが運用した口座は驚くべき利回りを達成し……同じ時期、彼ほど高い実績を上げたトレーダーはほかには知らない」と言っている。スィコータはのちにトレ

ンドトレーダーたちのための「エドのシックス・ステップ・プログラム」を立ち上げた(「The Whipsaw Song」https://www.youtube.com/watch?v=O0yZG6eoahUを参照)。

　1970年代と1980年代にはモメンタムのたいまつは、自分たちの行動についてあまり多くを語らないヘッジファンドマネジャーへと受け継がれた。しかし、一人だけ例外がいた。彼はずけずけ物を言う博愛主義者の投資信託のファンドマネジャーだった。そのモメンタム投資家がリチャード・ドライハウスである。

　ドライハウスが投資を始めたのは1968年のことだった。彼はダーバス、チェスナット、ハラーらが使った戦略に似たモメンタム戦略——トップパフォーマーを使った合理的なレラティブストレングス・アプローチ——を使って100億ドルを超える資金を運用している。1970年、バロンズは過去100年の投資信託業界のなかで最も影響を及ぼした25人の「オールセンチュリー」チームに彼を選んだ。彼はまたジャック・シュワッガーが2008年に書いた『新マーケットの魔術師』(パンローリング)のなかにも、1999年にピーター・タナウスが書いた『インベストメント・グル(Investment Gurus)』のなかにも登場する。ドライハウスは彼のモメンタムベースのアプローチを次のように言っている。

　　おそらく最もよく知られる投資の格言は、「安く買って、高く売れ」だろう。でも、私は高く買って、もっと高く売ることでより多くのお金を稼ぐことができると思っている……私が買う株は、良い動きをし、すでに高値を更新し、レラティブストレングスが正の株だ……今のパフォーマンスが最高の株を買うのだ。今持っている株がもっと上がると思っても、その間にもっと良い株が現れれば、すぐに乗り換える。

モメンタムに関する学術研究が盛んになったのは1990年代になってからだが、レラティブストレングス・モメンタム投資の実用的価値とその印象的な結果は、それ以前から見過ごすことのできないものだった。

近代のモメンタム

　コンピューターを使ったモメンタムの研究を最初に行ったのはロバート・A・レビーである（1967年）。「レラティブストレングス」という言葉を生みだしたのも彼である。「レラティブストレングス」はこの投資スタイルを非常によく表している。学者はのちにこのシステマティックな定量的アプローチを「モメンタム」と命名し直した。モメンタムのほうがより包括的な言葉で、実践家には「強い株を買う」意味で用いられている。1990年代の自由裁量的なドットコム・トレーダー（馬は今進んでいる方向に乗り進めるのが最も簡単と考える「ハイリターンを狙う投資家」）はモメンタムトレーダーと呼ばれた。システマティックでルールに基づくモメンタムと勘と経験による自由裁量的モメンタムは今でも混同されることが多い。レビーの「レラティブストレングス」は定量的でルールに基づくモメンタムを正確に表す言葉だが、レビーはモメンタムが学術界で受け入れられるようになる前に研究結果をすでに発表していた。学術界がモメンタムを理解したとき、彼らはおそらくは自分たちの研究をレビーと関連づけたくないと思ったのだろう。そこで彼らは名前を「レラティブストレングス」から「モメンタム」に変えることで、考案者になりすましたのである。彼らは「モメンタム」という言葉がすでに実践家たちによって似たようなものではあるが異なるものを意味する言葉として使われていることに気づかなかったか、あるいは気づいていても気にしなかったかのいずれかだ。

レビーの最初の研究は625のNYSE（ニューヨーク証券取引所）株の５年にわたるデータを使って行われた。彼はのちに研究を拡大し、レラティブストレングス投資に関する本を書いた（1968年）。そのなかでレビーは次のように言っている。

　これまで最も強い株の10％に含まれてきた銘柄は、次の26週間に平均で9.6％上昇した。一方、これまで最も弱い株の10％に含まれてきた銘柄は、次の26週間に平均で2.9％しか上昇しなかった。

　有名な学者のマイケル・ジェンセンは、レビーが取引コストとリスクファクターを含めていないことを批判した。
　のちにアケマンとケラーが1967年から1975年のS&Pの産業グループのデータを使って、取引コスト差引後の素晴らしいレラティブストレングスの結果を示した（1977年）。またボーハンはレラティブストレングスモメンタムをS&Pの業種グループの11年分のデータに適用して素晴らしい結果を導きだした（1981年）。ブラッシュとボールズはレラティブストレングス・モメンタムを18年分の株式データに適用して、取引コストとリスク調整後も超過リターンが得られることを示した（1983年）。コストとリスクを考慮してもなお大きなリターンが得られるという証拠は次々と現れたにもかかわらず、学者はモメンタムに対してほとんど興味を示さなかった。
　この間、学者の間では依然として効率的市場仮説が根強く信じられていた。モメンタムがしかるべき関心を得られなかったのはこのためだ。学者の多くは依然として、株式市場のリターンはブラウン運動に似たランダムウォーク過程に従うと思っていたのだ。市場参加者が予測できるパターンを利用しようと競争すればするほど、値動きはランダムで予測不可能なものになっていくというわけである。諺にもあるように、少年に金づちを与えれば、正しい使い方を教えるまで、少年

はあらゆるものを壊す。学者たちはモメンタムを完全に無視した。

　しかし、1980年代になってこの流れが変わり始める。ノーベル経済学賞を受賞したロバート・シラーが1981年に「Do Stock Prices Move Too Much to Be Justified by Subsequent Changes in Dividends?」という論文を発表した。これは、投資家が完璧に合理的なら、株価のボラティリティは歴史的に予想される以上に高いことを示したものだ。さらに1986年、ケイムとスタンボーは株式リターンには予測可能な要素が含まれている証拠を示した。1987年には、株価は適正価格から大きく逸脱することもあるとする考えは、株式市場が1日で20％以上下落したとき、大きな支持を得た。株式市場が1日で大きく崩壊したことで合理性の限界が打ち破られたわけである。学者たちは、株価の持続は系列相関が正であることによると言い始めていた。これは株の値動きのランダムウォーク理論とは相反するものだ（ファーマとフレンチ［1988年］、ローとマッキンレー［1988年］、ジェガディーシュ［1990年］を参照）。デボンとターラーは1985年、投資家が行きすぎた過大評価や過小評価を修正する株式の長期逆転現象を発見した。こうして市場の完全な効率性に対する疑問は高まっていった。

　行動経済学は、価格モメンタムや平均回帰といった市場アノマリーを次々と説明することで勢いづいていった。学術界もすでに行動経済学に注目し始めていた。行動経済学とは、心理が投資家の行動に与える影響と、それが市場に及ぼす影響を研究する学問である。金融界では理論と現実がますます乖離していくなか、この問題は行動バイアスによって説明のつくものもあった。第4章では、モメンタムの合理的および行動的側面を明らかにしていく。これによって、モメンタムがなぜ機能するのかや、モメンタムがなぜこの先も機能し続けるのかが分かるはずだ。

独創性に富んだモメンタムの研究

　モメンタムを論理的に説明するのに行動経済学が使えることが分かってきたことで、モメンタムの研究は大きく飛躍し、1993年には、ジェガディーシュとティトマンによる論文「Returns to Buying Winners and Selling Losers : Implications for Stock Market Efficiency」が発表された。この論文は、1965年から1989年までのデータを使って、過去6カ月から12カ月にわたるNYSEおよびAMEX（アメリカン証券取引所）での勝ち銘柄は、次の6カ月から12カ月にわたって平均的に負け銘柄を1カ月およそ1％アウトパフォームする（ほかのリスクファクターによるリターンの違いを調整後）ことを示したものだ。このアウトパフォーマンスは30年前にコールズとジョーンズが発見したものと基本的に同じものだった。ジェガディーシュとティトマンは1993年に論文を発表してから8年後の2001年、アウトオブサンプル・テストによってその論文を再検証し、1990年から1998年までの勝ち銘柄は負け銘柄を1カ月でおよそ1％アウトパフォームしたことを再確認した。ジェガディーシュとティトマンの研究や、ほかのデータで行われた多数の研究によって、モメンタムの利益がデータマイニングによるものであるという懸念は払拭された。

　定量分析によって、モメンタムは自由裁量的アプローチから脱皮して、ルールに基づくアプローチへと進化した。ジェガディーシュとティトマンの研究は、3カ月から12カ月のルックバック期間（あるいは観察期間）にわたって強かった銘柄は3カ月から12カ月先の期間においても強いことをはっきりと示すものだった。特に、6カ月から12カ月のルックバック期間においては顕著だった。

　ルールに基づくモメンタムによれば、過去6カ月から12カ月にわたって上位10％から30％の強い銘柄を買い、1カ月から3カ月保有し、そのあとポートフォリオを再評価してリバランスすることができる。

さらに付け加えるならば、こういったルールに基づくアプローチは意思決定プロセスから行動バイアスを取り除き、市場状態に対する感情的な反応によって間違った意思決定をする可能性は低くなる。

モメンタムのさらなる研究

　ジェガディーシュとティトマンによる研究に刺激されて、モメンタムの研究論文は次々と発表されるようになった。事実、モメンタムは過去20年で最もよく研究された金融テーマの１つになった。ジェガディーシュとティトマンの論文以降、モメンタムに関する学術論文は300を超え、そのうち過去５年に発表された論文は150を超える。研究は４つの分野に焦点が当てられた。

- 異なるアセット間でのモメンタム効果
- モメンタムリターンの統計学的特徴
- モメンタム効果の理論的説明
- モメンタムをベースとする戦略の向上

　研究が進むにつれ、モメンタムは、米国株と外国株、業種グループ、株価指数、世界の国債、社債、コモディティ、通貨、住宅不動産といったあらゆる市場でうまく機能するアノマリーとしての地位を確立していった（米国株についてはファーマとフレンチ［2008年］、先進国市場についてはローウェンホースト［1998年］、チャン、ハミード、トン［2000年］、グリフェン、ジー、マーティン［2005年］、新興市場についてはローウェンホースト［1999年］、産業についてはモスコウィッツとグリーンブラット［1999年］、アスネス、ポーター、スティーブンス［2000年］、株価指数についてはアスネス、リュー、スティーブンス［1997年］、世界の国債についてはアスネス、モスコウィッツ、

ペダーセン［2013年］、社債についてはジョストバほか［2013年］、コモディティについてはピロング［2005年］、ミフレとラリス［2007年］、通貨についてはメンコフほか［2011年］、オクノフとホワイト［2000年］、不動産についてはベラカとスキバ［2011年］を参照）。モメンタムは12を超えるアセットクラスと40を超える国でうまく機能している（アントナッチ［2012年］、アスネスほか［2013年］、キング、シルバー、グオ［2002年］を参照）。

モメンタムは時間に対しても、異なる市場に対しても堅牢だ。チャボット、ギゼルズ、ジャガナサンは2009年、モメンタムはビクトリア朝時代のイギリス株でもうまく機能したことを示した。さらに、1801年にさかのぼって米国株でモメンタムのアウトオブサンプル・テストを行ったゲーチとサモノフは、モメンタムが有効であったことを示した。(2012年)。この212年にわたって、価格モメンタムが上位３分の１の銘柄は下位３分の１の銘柄を１カ月0.4％アウトパフォームし、しかもt値は5.7と非常に有意であった。

1993年、シュウェルトはバリュー、サイズ、カレンダー効果、モメンタムといった利益機会に関連する市場アノマリーの研究を行った。彼は、アノマリーが発見されたあと、モメンタム以外のアノマリーはすべて消えるか反転するか弱まっていくことを発見した。アノマリーが発見されたあとも持続したのはモメンタムだけだった。

モメンタムは、ジェガディーシュとティトマンの独創的な研究のあとの20年にわたるアウトオブサンプル・テストでもアウトパフォームし続けた。ファーマとフレンチ［2008年］がモメンタムを「近年において最も注目されるアノマリー」と呼んだのも納得できる。さらに彼らは次のように述べた。

> モメンタムは市場の最大のアノマリーだ。過去１年にわたってリターンの低かった銘柄は、次の数カ月にわたってもリターンは低

い傾向があり、過去のリターンが高かった銘柄は、将来的なリターンも高くなる傾向がある(ファーマとフレンチ[2008年]を参照)。

　読者も本書で述べた重要な学術研究論文を読めば、モメンタムの有効性を認識できるはずだ。これらの論文はSocial Science Research Network（SSRN）からダウンロードすることができる（http://papers.ssrn.com/sol3/DisplayAbstractSearch.cfmを参照）。あるいはインターネットで論文の題名や著者名を検索してもよい。私のウエブサイトやブログでも追加情報を入手することができる（http://optimalmomentum.com）。

現在におけるモメンタムの応用

　ドーシー・ライト・アンド・アソシエーツ（DWA）は初めての公的に入手可能なシステマティックなモメンタムベースのプログラムを2007年に発表した。DWAは2つの投資信託と4つの広範にわたる上場投資信託を、レラティブストレングス・モメンタムを使って、100の個別銘柄（小型株の場合は200）を選ぶ自己売買アプローチで運用している。上場投資信託は米国の大型株、中型株、小型株、先進国市場、新興市場をカバーしている。DWAはポートフォリオを四半期ごとにリバランスしている。

　2009年、AQRキャピタル・マネジメント（AQR）は、米国の大型株、中型株、小型株と国際銘柄をカバーする3つのモメンタムをベースとする投資信託を開発した。AQRの投資信託は、最後の月を除く12カ月のルックバック期間にわたるモメンタムを測定して、上位3分の1に含まれる銘柄を組み込んでいる。ポジションのリバランスは四半期ごとに行う。第9章では、AQRの米国大型株・中型株のレラティブ・モメンタム・インデックスの開始以降のパフォーマンスを提示する。

ブラックロックのｉシェアーズは公的に入手可能な人気のモメンタム商品を提供する最新の会社だ。2013年、ｉシェアーズは、6カ月と12カ月のルックバック期間を使った100～150銘柄を組み込んだモルガン・スタンレー・キャピタル・インターナショナル（MSCI）・USA・モメンタム・インデックスを基にした上場投資信託を開発した。この上場投信はボラティリティによってポジションを重み付けし、半年ごとにリバランスを行っている。
　これらの公的に入手可能な商品はすべて、レラティブストレングス・モメンタムを個々の銘柄に適用している。したがって、クロスアセット分散化によるリスク削減機会を逃している。また、モメンタムを個々の銘柄に適用すれば、モメンタムを広範な資産クラスやインデックスに適用するのに比べると、取引コストは高くなる。例えば、AQRのUSモメンタム・インデックスの年間取引コストは70ベーシスポイントだ。
　レラティブストレングス・モメンタムはリターンの改善には役立つが、ボラティリティや最大ドローダウンを低減することはできないという事実も重要だ。ボラティリティやドローダウンといったリスクは、モメンタムを使わないバイ・アンド・ホールド戦略による似たようなポートフォリオに比べると高くなることもある。
　第7章では、絶対モメンタムという概念について議論する。これは相対モメンタムと同じように期待リターンを向上させることができるが、相対モメンタムと異なるのは、絶対モメンタムはロングオンリー投資の下方リスクも減少させることができる点だ。絶対モメンタムの目指すものは、市場に打ち負かされずに市場を打ち負かすことである。第8章では、デュアルモメンタム、つまり相対モメンタムと絶対モメンタムを組み合わせることで、シンプルで実用的な投資モデルを構築する。

第3章　近代ポートフォリオ理論の原理と応用

Modern Portfolio Theory Principles and Practices

> 「物理学者と化学者と経済学者が無人島に漂着する。食べるものは何もない。そこへスープの缶詰が流れ着いた。物理学者は『缶を岩で割ろう』と言い、化学者は『まずは火をおこして、缶を温めよう』と言い、経済学者は『缶切りがあると仮定しよう……』と言う」――ジョージ・グッドウィン（『アダム・スミス』より）

　本章（この第3章と次の第4章は若干理屈っぽいので、飛ばして第5章に進んでも構わない）では、近代金融学とそれとデュアルモメンタムとの関係についてざっと見ていきたいと思う（近代金融学の手法についてもっとよく知りたい人は、イルマネン［2011年］とメウッチ［2009年］を参照）。また、ときには「専門家」を疑ってかからなければならないことがあるが、その理由も説明する。有名な経済学者のジョアン・ロビンソンの言葉を借りれば、「経済学を勉強するのは、経済学の問題に対して既成の解答を得るためではなく、経済学者にだまされないようにするためだ」。このあとの章では、名前がイニシャルで呼ばれるような人々に対して健全な懐疑心を持つことは、欲しくない投資商品を売られないようにするのに役立つことを示していく。

マーコウィッツの平均分散最適化

　1952年、シカゴ大学の若い経済学の学生が効率的ポートフォリオを構築する独創的な方法を考案した。彼の定義によれば、効率的ポートフォリオとは、任意のリスクレベル（ボラティリティ）に対して最大の期待リターンを提供してくれるポートフォリオ、逆に言えば、特定の期待リターンに対して最小のリスクを提供してくれるようなポート

フォリオのことを言う。彼はオペレーションズ・リサーチ（二次計画法）に基づいて最適アルゴリズムを作成し、それを使ってこれらの効率的ポートフォリオの「フロンティア」を作成した。それまでは、期待リターン、ボラティリティ、相関を同時に使って最適ポートフォリオの組み合わせを決定する定量的な方法はなかった。マーコウィッツはこれを平均分散最適化（MVO）と名付けた。

博士論文の口頭試問では、マーコウィッツは1時間以上にわたってミルトン・フリードマンに質問攻めにされた。フリードマンはマーコウィッツの研究は経済学でも、経営管理でも、数学でもないと言った。でもとにかくマーコウィッツは博士号を修得した。彼はのちに近代ポートフォリオ理論の父と呼ばれるようになり、博士論文でノーベル経済学賞を受賞した。

しかし実用面では、平均分散最適化の実行には問題があった。経済モデルにはありがちなのだが、平均分散最適化の仮定が現実世界にフィットしないのである（平均分散最適化は、ポートフォリオのリターンが正規分布に従うか、投資家の効用関数がリターンの二次関数で表されると仮定する。二次式の効用関数は絶対リスク回避が非現実的に増加することを意味する。つまり、富が増えるほどよりリスク回避的になるということである。よく知られたシャープレシオもこの仮定の上に成り立つ）。共分散（相関とボラティリティの組み合わせ）マトリックスの状態が悪いと、つまり同じような資産を組み合わせれば、平均分散最適化の結果は不安定なものになる。また、平均分散最適化の結果は用いた入力量の影響を受けやすい。平均分散最適化はこれらの入力量の推定誤差を最大化してしまうため、結果は非現実的なものとなる。入力量の小さな違いが、結果の大きな違いとなって現れるわけである。これによって誤差が最大のポートフォリオが出来上がってしまう。

したがって、平均分散最適化のユーザーはサンプリングエラーを減

らすために入力量を調整しなければならない。あるいは、推定量をより合理的な数値にするために事前情報を組み込む必要がある。入力量としてリターンを使えば信頼性に欠けるため、平均分散最適化ユーザーのなかにはリターンを完全に無視し、代わりに共分散が最小のポートフォリオを使う者もいる。デミギュエル、ガーラッピ、アップパール（2009年）は、最適分散化から得られる利益は推定誤差によって相殺されることを示した。平均分散最適化は時間がたつにつれて大きく変動し、アウトオブサンプルでのパフォーマンスの悪い資産配分を生みだしてしまうのだ（アング［2012年］、ジャコブズ、ミュラー、ウェバー［2014年］を参照）。実際には平均分散最適化よりも資産配分を均等にしたほうが良いくらいだ（マーコウィッツはお金をどのように投資しているのかと聞かれたとき、半分は株価指数に投資し、半分は債券に投資していると答えた）。平均分散最適化はほかの近代金融モデル同様にエレガントで印象的だったが、現実世界では役に立たなかった。しかし、研究者は最初のころはこのことに気づかなかった。

1950年代はコンピューターの処理能力はまだ限定的で、平均分散最適化は計算量が非常に多かった。何千という資産の共分散とリターンの反転行列を計算しなければならなかったのだ。例えば、1000の資産を持つポートフォリオの場合、共分散の計算は55万回必要になる。

そこで、1960年代の初期から中期にかけて、多くの学者たちは資本資産価格モデル（CAPM）という平均分散最適化の簡易バージョンを開発した。

資本資産価格モデル

初期の資本資産価格モデルは、資産（あるいは資産ポートフォリオ）の超過リターン（リスクフリーレートを差し引いたリターン）とマーケットインデックスの超過リターンの線形回帰を求めるというシンプ

ルなものだった。線形回帰は2つ以上の変数の関係を求めるものだ。

　資本資産価格モデルの回帰方程式のベータは、資産の超過リターンの、市場の超過リターンの変動に対する感度を示したものだ。つまり、市場の動きがあなたのリターンにどれくらい寄与するかを示している。資本資産価格モデルは、任意の証券の期待リターンがベータで測定したその証券のリスクに比例することも教えてくれる。

　回帰方程式の切片はアルファである。方程式からベータを差し引いたものがアルファである。アルファは異常利益を意味する。つまり、市場リスクをとる見返りに得られる超過リターンということになる。

　資本資産価格モデルでは、最適ポートフォリオを構築するのに何千という入力量は必要ではなく、資本資産価格モデルで必要なのはあなたの株式ポートフォリオと市場インデックスの情報だけである。さまざまな産業のさまざまな銘柄で分散化したいのであれば、銘柄の平均ベータを目指すことで、あなたの望むポートフォリオの期待リターンとボラティリティを目指すことができる。学術的な観点から同じように重要なのは、資本資産価格モデルを使えば、会社の資本コストを決定し、リスク調整済みの投資パフォーマンスを計算することができるという点だ。年間アルファが1％ということは、あなたのリスク調整済み超過リターンが年間1％ということを意味する。また、資本資産価格モデルを使えば、ポートフォリオのアルファをトラッキングすることで、投資マネジャーのスキルを判断することもできる。経済学者にとって、統計の有意性を、t値と確率という形でアルファおよびベータに関連づけることができることもメリットの1つだった。

　彼らに言わせれば、正の期待リターンを得る方法は2つある。1つは、すでに分かっているリスクファクター（ベータ）を使うこと、もう1つは、他人を出し抜く（アルファ）ことである。

　しかし、資本資産価格モデルにも問題点が1つあった。経験に照らしてうまくいかなかったのである。ベータが高いポートフォリオのリ

ターンは低すぎ、ベータが低いポートフォリオのリターンは高すぎた。期待リターンの変動はポートフォリオのベータとはほとんど無関係だった。

　1980年代初期、コモディティのリターンを1ファクターの資本資産価格モデルで説明しようとする学術論文に出くわした。この論文はバークレイの大学院の金融クラスで実際に使われていた。「株式市場がなんで中国のお茶の価格やほかのコモディティの価格と関係があるんだ？」と当時は面食らった。当時、私は資本資産価格モデルの統計学的な問題に気づいていた。金融市場のリターンは一般に、独立した一様分布の分布から得られる標準的な線形回帰の仮定とは一致しないのである（今では自己相関と不均一分散を修正する堅牢な方法がある。ニューウェイとウエスト［1987年］を参照）。

　また、資本資産価格モデルはリスクを無視しすぎていた。マーク・トウェインは次のように言ったと伝えられている――「私たちを厄介ごとに巻き込むのは私たちの知らないものではなく、私たちのよく知っているものだ」。またフィッシャー・ブラックは次のようにも言った――「結局理論が認められるのは、事実によって検証されたからではなく、研究者が互いに理論は正しいと説得し合うからである」。

　1990年代には、学者たちは資本資産価格モデルが受け入れがたいものであるというさらなる証拠を押さえた。PER（株価収益率）が低く、PBR（株価純資産倍率）が低い小型株の将来リターンが、ベータによって予想されるものよりも高いように思えた。これを受け、ファーマとフレンチは1992年、1つのマーケットファクターにバリューとサイズという2つのリスクファクターを加えて、資本資産価格モデルを1ファクターモデルから3ファクターモデルに拡張してこれを調べてみた。これによって、平均株式リターンのクロスセクション変動は、マーケットファクターだけのときよりも、PBRと時価総額を加えたほうがうまく説明できることが分かった。こうして資本資産価格モデルは

３ファクターモデルが標準になった。それから間もなくして、カーハート（1997年）が４つ目のファクターとしてクロスセクション・モメンタムを加えた。

それ以降、学術研究はファクターに重点が置かれるようになり、少なくともファクターを扱った82以上の論文が一流の学術誌で発表された。説明ファクターを熱心に探す学者の姿はプロクルステスと重なるものがある。プロクルステスはギリシャ神話に出てくる巨人で、人間を捕まえると鉄のベッドにくくりつけ、ベッドの長さに合うように人の足を引伸ばしたり切ったりしたと言われている。

特異なデータに注目すればデータスヌーピング・バイアスを引き起こしかねない。ハーベイ、リュー、ズー（2014年）は、有意性を収縮する調整をさまざまな市場のリスクファクターに対して行い、次のように結論づけた――「……金融の世界で発見されるファクターの多くは、間違った発見である可能性が高い……最近発表された医学文献における憂慮すべき結論と同じになるが、金融経済学における研究結果のほとんどはウソの可能性が高い」（主要著者のキャンベル・ハーベイは一流雑誌のジャーナル・オブ・ファイナンスの元編集長だった。この論文のタイトル「…and the Cross-Section of Expected Returns」はこの雑誌に投稿された50以上の研究論文の冗談のような参考書になっており、それらのタイトルにはこれと同じものが使われている。そのなかにはファーマとフレンチの1992年の論文も含まれている）。

資本資産価格モデルはそれほど信頼できるものではなかったわけである。資本資産価格モデルの支持者にとって、現実世界は面倒な特殊なケースだったのである。３ファクターあるいは４ファクターの資本資産価格モデルによれば、高いベータと高いボラティリティを持つ銘柄は当然リターンが高くなるはずなのに、高くなかった。これは経験に照らして明らかだった。ファーマとフレンチは2004年、資本資産価格モデルを「経験的に無効」とした。「モデルの問題が妥当性の弱さ

であろうと、再現性の欠如であろうと、資本資産価格モデルが経験に照らして間違っていることは、このモデルの応用のほとんどは意味がないことを示している」と彼らは指摘した。

　資本資産価格モデルの問題は再現性の問題だけではなかった。資本資産価格モデルには近代金融学のほかのモデルと同様、理論的な問題もあった。金融モデルは通常２つの主要な仮定の上に成り立つ。１つは、市場価格が正規分布あるいは対数正規分布に従うこと（対数正規分布は正規分布よりも裾が厚いため、左の裾が厚く負の歪度を持つ株価の本当の分布により近い）。もう１つは、価格がそれぞれに独立していること。つまり、昨日の価格は今日の価格に影響を及ぼさないということである。

　マンデルブロは2004年、これら２つの仮定に勇気を持って異議を唱えた。彼は市場価格が正規分布ではなく、分散が不安定で厚い裾を持つ（つまり、極端な事象が頻繁に発生するということ）分布に従っていることを示した。マンデルブロはこれをコーシー分布と同定した。安定パレート分布、パレート・レビー分布、あるいはレビー・マンデルブロ分布と呼ぶ人もいる。どういう名前で呼ぼうが、これは株価の壊滅的下落が正規分布よりも頻繁に起こることを意味する。

　価格の独立性については、マンデルブロは、たとえ価格が自己相関ではないにしても、そのボラティリティは時間とともに相関を持つようになると持論を述べた。これは、大きな価格スイングは集合的に発生する傾向があることを意味し、方向はともかくとして、株価は平均を大きく上回る量だけ動く可能性があるということである。マンデルブロによれば、近代金融学の２つの仮定は間違っているため、資本資産価格モデルのような関連するモデルも間違っているということである。これらのモデルは市場リスクを軽視し、金融機関が市場リスクに耐えるために持つべき資産額も軽視しているとマンデルブロは指摘した。

これらの仮定はほとんどの金融モデルの基本となるため、学者たちはマンデルブロの考えがこれらの仮定を否定するものであることを見て取るや、彼の考えには注意を払わなくなった。彼の無限に続く分散の計算が非常に困難であったことも、学者の無関心を誘った要因の1つである（マンデルブロはのちにフラクタル幾何学で名を上げた）。

　再現性や妥当性に関する問題は大きかったものの、線形ファクターモデルはリスクと期待リターンの間に関係があることを示唆するものだ。研究者は今でも日常的に線形3ファクターモデルや4ファクターモデルを使ってパフォーマンスと投資戦略の統計的有意性を測定している。ファクターモデルは戦略の強さや優位性のガイドラインとしては役に立ちそうだ。したがって、第8章では私たちのモメンタムモデルの結果を確認する1つの方法としてファクターモデルを使う。

　世界最高の格言の生みの親としてヨギ・ベラと肩を並べるウォーレン・バフェットはかつて次のように言った──「公式を作りだす専門家には注意せよ」。現実世界を厳密に説明し扱うモデルを開発するという観点では、金融経済学者たちはことごとく失敗してきた。研究者たちは、平均分散最適化の再サンプリングや資本資産価格モデルの複雑な追加ファクターなど、これまで数々の修正を試みてきた。その効果には依然として疑問の余地がある。ロバート・ホーゲン（2010年）の言葉を借りれば次のように言うことができる。

> 　私たちが今データのなかに何を見ているのかを理解するためには、根本的に新しい理論を開発して前進することもできるし、大部分の人にとって明らかなことを否定し、データが私たちの予想と一致したと叫ぶまで複雑なプロセスでデータを曲げ、過去に戻ることもできる。

ブラック・ショールズ・オプション価格付けモデル

　近代金融学の働きを理解するうえで、さらなる洞察を与えてくれるのがオプション価格付け理論だ。バシュリエは1900年、オプションでリスクをコントロールするにはどうすればよいのか、オプションをどう価格付けすればよいのかを考えていた。これがオプション価格付け理論の始まりだ。オプションが「対等な賭け」であるとするならば、オプションには適正価値というものがあるはずだと彼は考えたのである。彼はオプションの適正価格をうまく計算できなかったが、それほど外れてもいなかった。このあともオプションの価格付けの研究は続けられたが、非常に複雑で、個人のリスク選好によるところが多かった。

　アービング・フィッシャーの時代から、経済学者は均衡モデルの美しさに引き付けられてきた。バシュリエのランダムウォークの考え方に刺激されたソープとカソウフは1967年、均衡ベースのオプションモデルを考案したが、彼らのモデルでは満期におけるオプションの期待価値が割り引かれていなかった。

　完全な形の均衡ベースのオプション価格付けモデルを初めて発表したのがフィッシャー・ブラックとマイロン・ショールズだった。経済界は均衡ベースのモデルが大好きで、彼らはこの理論でノーベル経済学賞を受賞した。ブラック・ショールズ・オプション価格付けモデル（BSモデル）は金融経済学者の間で人気が高まり手本になった。

　オプション価格付けモデルはユーザーがデリバティブを使ってリスクを移転させるのに便利に使える。投資家たちはすぐにこのことに気づいた。1970年にはまだデリバティブはほとんどトレードされていなかったが、2004年にはデリバティブの取引は273兆ドルに上るまでに増加した。

　価格付けモデルはデリバティブの人気を高める一方で、ユーザーの

なかには間違った安心感を持つ者が出てきた。詳しくは第4章で見ていくが、私たちは自分たちのスキルと知識を過信しがちだ。そのため、物事をコントロールできているという幻想を抱き、悪い事象や好ましくない結果が起こる可能性を過小評価してしまう。

1998年のロング・ターム・キャピタル・マネジメント（LTCM）の破綻によって世界の金融システムがあわや崩壊しかけたのに加え、デリバティブはカリフォルニア州オレンジ郡の破綻、ベアリングス銀行の崩壊を招き、2007年から2008年にかけて世界を金融危機に陥れた。ウォーレン・バフェットはデリバティブのことを、「金融界の大量破壊兵器」と呼んだ。

機関投資家はこの教訓から学ぼうとしなかった。1998年にLTCMが破綻したあと、メリルリンチは、「数学的リスクモデルは実際以上の安心感を与えかねないため、その利用は制限すべきだ」と警告した（ローウェンスタイン［2000年］を参照）。しかし、当時は彼らに耳を傾ける者はいなかった。

しかし、私たちはツールとそれを用いる人々だけを責めるべきではない。こうした金融危機の原因は、金融機関がそれに潜む本当のリスクを正しく判断することなく、あるいは十分に理解することなくデリバティブモデルを使ったことにある。複雑な不動産証券といったデリバティブの買い手はノーベル賞受賞者のジョージ・アカロフの言葉に耳を傾けるべきだった——「市場であなたが理解できないものをだれかが売ってきたら、彼らが売っているのはレモン（欠陥商品）だと考えるべきである」。

BSモデルにはほかの金融モデルにはない興味深い特徴が1つあった。「おい、金融はロケットサイエンスじゃないんだよ」と人々が言えば、金融経済学者は、「金融はロケットサイエンスだ」と答えるだろう。ロバート・マートン（工業数学のバックグラウンドを持つノーベル賞受賞者）はBSモデルに伊藤の補題を加えた。ロケットサイエ

ンティストは連続時間を微小時間間隔に分割することで伊藤の微積分をロケットの軌道を追跡するのに使っている。BSは経済学を科学にしただけではなく、ロケットサイエンスにしたのである。ノーベル賞受賞者のポール・クルーグマンが経済学者について述べた言葉は、金融経済学者にそのまま当てはまる――「私が見たところ、経済学が方向を見失ったのは、経済学者が印象的に見える数学にはまり、真実を追究する美を見誤ったためだと思っている」。ロバート・ハイルブローナーの言葉を借りれば、「数学は経済学に厳密さを与えたが、悲しいことに死も与えた」ということになろうか(ハイルブローナーの著書『入門経済思想史――世俗の思想家たち』[筑摩書房]は、ポール・サミュエルソンの『経済学』[岩波書店]に次ぐ大ベストセラー)。

BSモデルの最大の問題は極端な値動きを扱うときの誤差である。BSモデルでは価格は対数正規分布に従うと仮定するが、この仮定ではリスクの高い事象の発生確率を10倍過小評価している可能性がある。

実践家はずいぶん前にBSモデルからもっと現実的な二項価格付けモデルに乗り換えたが、学者は依然としてBSモデルを近代金融学の最大の発見の1つと考えている。ノーベル賞を受賞したロバート・シラーは次のように言う――「経済学は現実を近似するストーリーにすぎないが、私たちはそのストーリーに夢中になりすぎてしまうこともある」。

ポートフォリオインシュランス――ノー!

近代金融学に革新をもたらしたもう1つの概念がポートフォリオインシュランスである。この概念を考案したのは複数の金融のプロたちで、彼らは、投資家は市場が急上昇しているときはロングイクスポージャーを増やし、急落しているときはロングイクスポージャーを減らすべきであると言った。これによってデリバティブによるヘッジと同

様の効果が得られるというわけである。しかし、実用経験豊富な人にとってこれはあまり良い考えとは言えない。なぜなら、市場は短期的に見ると平均回帰するからだ。市場は情報に過剰反応して反転することが多い。

　一般大衆は市場が弱いときに売り、強いときに買うという間違った反応をすることが多い。ポートフォリオインシュランスも考え方は同じだ。一般大衆が市場の流動性と価格の安定を短期的に生みだしているとき、株式取引所のスペシャリストやフロアトレーダーたちは一般大衆と逆のことをやり、ポートフォリオインシュランス業者と逆のことをやって稼いでいた。

　1987年10月19日は株式市場の歴史のなかで最悪の日だった。その日、S&P500は22％下落し、わずか1日半で30％以上も下落した。この売り圧力に油を注いだのがポートフォリオインシュランスだった。1988年の市場メカニズムに関する大統領特別調査委員会、俗に言うブラディーレポートは、その日の売りの3分の1はポートフォリオインシュランスに関連するものだったと結論づけた。ポートフォリオインシュランスは市場の修正を大々的なパニックに転換するのを手助けしたわけである。ポートフォリオインシュランス業者は、この市場の崩壊と、彼らに莫大なちゃぶつきによる損失を与えた市場の上昇（平均回帰）のあと、荷物をまとめて出て行った。

　また、わずか1日前よりも20％も下落したのでは、市場は効率的とは言えない。「価格は正しい」とはとても言えるような状況ではなかった。

　2007年から2008年にかけての世界的金融危機は、市場は自律的に修正され、合理的だと信じられていたことも1つの要因かもしれない。ポール・ボルカー元FRB議長は次のように言った――「この金融危機の原因の1つは、市場は合理的で、効率的であると盲目的に信じたことにあることは明らかだ」。効率的市場仮説を、「根拠なき熱狂」に

無関心で資産バブルの危険性を習慣的に過小評価してきたとして、金融危機の原因に挙げる者もいた。金融危機のあと、ボルカーは、過去20年で唯一価値のある金融革命は現金自動支払機であると言ったが、これはある意味正しいと言えるだろう。

投資で豊かな生活

　公平を期して言えば、過去75年の間に金融界からは役立つものもいくつか生まれている。その1つは、株式を保有することによる企業固有リスクを大幅に減らすには、少なくとも25から30の株式を分散させたポートフォリオを構築すべきという考えである。分散化可能なリスクをこのようにして減らすことは、投資におけるフリーランチのようなものだ。こうした認識は投資信託と合同運用投資の人気に拍車をかけた。インベストメント・カンパニー・インスティチュートによれば、投資信託は1965年にはわずか170しかなく、運用総資産が350億ドルだったのが、2012年には7596に増え、運用総資産は13兆ドルを超えるということだ（http://icifactbook.org/ を参照）。

　近代金融学の2つ目の重大な成果は、投資家がプロの投資運用に支払う高いコストに対する意識が高まったことである。ほとんどの場合、利益はかかったコストに見合わないことが多い。近代金融理論と経験科学は、インデックスファンドの開発へとつながった。インデックスファンドはユーザーにとって非常に有益なものだった。

　近代金融学の3つ目の発展は心理学に関係がある。行動経済学は、金融理論と実践との間の不一致の多くを説明することができる。また、投資家の報われない心理的傾向に対する理解が高まり、より賢明な行動に対するガイドラインにもなった。

　近代金融学の4つ目の有益な成果は、モメンタムである。モメンタムは1937年にコールズとジョーンズによって初めてシステマティック

な方法で提示された概念だ。それ以降、研究者は後続の研究によってその有益性を立証してきた。学者は依然として金融市場をモデル化するのに複雑な方法を画策していたが、シンプルなモメンタムは最大の市場アノマリーとして時の試練に耐えてきた。

第4章 モメンタムの合理的説明と それほど合理的ではない説明

Rational and Not-So-Rational Explanations of Momentum

> 「理論というものは、前提が単純であるほど、また、より多くの異なるものに関連しているほど、そして、その応用範囲が広いほど、印象的なものになる」――アルバート・アインシュタイン

　学者にモメンタムの有効性を尋ねたら、彼らのほとんどは、モメンタムはうまく機能する、と答えるだろう。ではなぜうまく機能するのかと尋ねると、彼はポカンとするだろう。私たちはモメンタムがなぜ機能するのか、本当のところは分からない。ということで、本章は非常に短い。そこで、モメンタムがなぜ機能するのかに答える代わりに、モメンタムがなぜ機能するのかを説明してくれると思われる理由をたくさん挙げたいと思う。しかし、実際のところは私たちにも確かなことは分からない。

　モメンタムがなぜ、どのように機能するのかを理解することは良いことだ。それにはいくつか理由がある。第一に、モメンタムのことを知ることで、モメンタムをより自信を持って使うことができるようになる。

　第二に、モメンタムがなぜ、どのように機能するのかを知ることは、市場がどのように機能するのかを知るうえで役立つ。これは、投資家の行動に影響を与える心理的バイアスを理解するだけでなく、投資家としての私たち自身の行動と動機を知るうえでも役立つ。

　第三に、モメンタムの基本を理解することは、モメンタムアノマリーを有効に使ったモデルの開発に役立つ。そして最後に、モメンタムがなぜ機能するかを知ることは、モメンタムによって将来的にも確実

に利益を得ることができるかどうかを理解するうえで役立つ。モメンタムは、1990年代初期に広く一般に知られるようになって以来ずっと存在し続ける唯一のアノマリーだ。モメンタムを生みだす行動的要素を見つけることができれば、モメンタムによって将来的にも確実に利益を得られることを信じる根拠になるかもしれない。

モメンタムはなぜ機能するのか

モメンタムがなぜ機能するのかについては、考え方の流派は2つある。1つは、モメンタムの大きな利益は大きなリスクをとったことに対する見返り、というものだ。これは因果関係がはっきりしているため合理的な説明だ。大きなリスクをとれば、そのリスクに対する見返りとして大きな利益が得られる。これは合理的行動のうえに成り立つ効率的市場の考え方に一致する。しかし、サイズやバリューといった普通のリスクファクターではモメンタムの利益は説明がつかないため、まだ発見されていない新しいリスクファクターを見つける必要がある。

もう1つは、モメンタムの利益はリスクの見返りとして存在するのではなく、投資家がシステマティックかつ予想可能な方法で、予想外で非合理的な振る舞いをするから、というものだ。行動経済学では、市場はいつも効率的とは言えない。市場を動かすものは人間の行動であって、市場参加者によって共有されているだれもが入手可能な情報が市場を動かすわけではない。価格はいつも入手できるすべての情報を反映しているとは言えない。なぜなら、価格は行動バイアスによって長い時間にわたって高すぎたり低すぎたりするからだ。

本章ではこれから、モメンタムの合理的な説明と行動経済学に基づく説明をしていきたいと思う。厄介なことに、専門家のなかには、モメンタムの利益は合理的な要素と非合理的な要素の組み合わせとして特徴づけることができると言う人もいる。第3章で見たように、現実

世界は必ずしも私たちが望むモデル化とは一致しないのである。

モメンタムの合理的基盤

　モメンタムをリスクをベースにして説明しようと試みた人の一人がコンラッドとカウル（1998年）だ。彼らは、モメンタムの利益は個々の株式の期待リターンのクロスセクション変動によって説明できると主張した。しかし、ジェガディーシュとティトマンはコンラッドとカウルの研究のなかに推定誤差があることを発見した（2001年）。モメンタムの期間のあとの反転の動きは、モメンタムの利益が期待リターンの変動によってもたらされることと一致しないというのである。さらに、グランディーとマーティン（2001年）も、時間的に変化するリスクファクターからの期待リターンではモメンタムの利益は説明がつかないことを示した。

リスクベースのモメンタムモデル

　コーディアとシバクマー（2002年）は、モメンタムの利益を説明してくれると思われる別のリスクファクターを発見した。それはビジネスサイクルに関連する時間的にずれのあるマクロ経済学的変数だった。またジョンソン（2002年）は、推計学的で一過性の成長衝撃をモメンタムの利益を説明してくれると思われるリスクファクターとして特定した。そのあとも、いろいろなリスクファクターが登場した。産業ファクターに関連するノンパラメトリックな推計学的リスク（アーン、コンラッド、ディットマー［2003年］）、総合的な流動性の変動（パスター、スタンボー［2003年］）、キャッシュフローに含まれる消費リスク（バンサル、ディットマー、ランドブランド［2005年］）などだ。サギとシーショールズは、モメンタムの利益は、高いPBR（株価純資

産倍率)、高い収益ボラティリティ、高い売り上げ原価といった企業固有の特徴によってもたらされると主張した。リューとチャン(2008年)は、モメンタムの利益を工業生産高の成長率と関連づけた。

こうした追加的リスクファクターの使用に反論したのがグリフィン、ジー、マーティン(2003年)だ。彼らは、マクロ経済学的リスク変数ではモメンタムの利益は説明できないことを示した。アブラモヴとコーディア(2006年)も、時間的に変化するマクロ経済学的変数と流動性はモメンタムを説明する変数にはならないという証拠を示した。このあとの第9章で見ていくが、データマイニングおよび過剰適合バイアスもまた、モメンタムを合理的に説明するとされる追加的ファクターの追求を阻む要因になる。

モメンタムの行動経済学的基盤

行動バイアスは、事実にフィットするバイアスを見つけようとする「モデルドレッジング」の影響を受ける可能性があることを示したのがファーマ(1988年)である。彼は、モメンタムの利益を説明しようとする行動モデルが増えると予測したが、そうはならなかった。事実、今日まで存続しているモメンタムの行動経済学的説明は6つか7つしかない。すでに見てきたように、モメンタムを合理的に説明できる追加的リスクファクターを探し続けたのは効率的市場の支持者たちだった。第3章で見たように、研究者たちは問題のある線形ファクターモデルを説明する追加的リスクファクターを探し続けたが、この場合もまったく同じである。

初期の行動モデル

社会心理学は株式市場投資と常に強い関係があった。1912年、セル

デンは「取引所の値動きは一般投資家やトレーダーの心理と大いに関係があるという信念」に基づいて、『株式市場の心理』（野村商店調査部）という本を書いた。グレアムとドッド（1951年）によれば、「普通株の価格は慎重に考え抜かれた計算によるものではなく、人間の反応のうねりによるもの」である。

　一流経済誌のエコノメトリカでこれまで最も多く引用された論文は、カーネマンとトバスキー（1979年）という二人の心理学者による「Prospect Theory : An Analysis of Decision Under Risk」である。カーネマンは2002年にノーベル経済学賞を受賞し、2013年に大統領自由勲章を授与された（トバスキーはこれ以前にすでに亡くなっていた）。彼らの論文は、従来の効用を最大化するという仮説に異を唱えるものだった。プロスペクト理論によって、人々が利益を評価する方法と損失を評価する方法とは異なることが示された。利益よりも損失に対してより影響を受けやすい投資家は「損失回避的」と呼ばれるようになった。なぜ人々は合理的な意思決定から外れた意思決定を行うのかは、プロスペクト理論によって説明がついた。

　カーネマンとトバスキーの論文は、ほかの行動バイアスを見つけるうえでの基礎になった。システマティックな行動バイアスには次のようなものがある。

- アンカリング（固執）、不十分な調整、過小反応
- 確証バイアス
- 群れ行動、フィードバックトレーディング、過剰反応
- 保守主義、代表性
- 自信過剰、責任帰属バイアス
- 情報の遅い拡散
- ディスポジション効果

アンカリングと過小反応

アンカリングとは、最初に得た情報を過度に重視してしまう傾向のことを言う。トバスキーとカーネマン（1974年）は、人々は過去のデータに固執し、情報の更新をしたがらない傾向があることを示した。メウブとプローガー（2014年）によれば、アンカリングは社会レベルでも個人レベルでも起こり得るという。社会的アンカリングは、周りの意見に同調し、現状を受け入れることに対するプレッシャーを上昇させる。

どういった種類のアンカリングも惰性を生みだす。これによって投資家はニュースに過小反応することになり、その結果、価格を彼らの適正価格以下に維持する。価格が上昇すると、価格は彼らの適正価格に追いつくが、それまでは強気の姿勢を崩さない。

確証バイアス

アンカリングと密接なつながりがあるのが確証バイアスだ。確証バイアスとは、持論に合う情報を重視しすぎる傾向を言う。確証バイアスはおそらくは最も古くからある行動ヒューリスティックだ。フランシス・ベーコンは1620年、確証バイアスのことを次のように書いている。

> 人間は、いったん１つの見解（すでに受け入れられた意見として、あるいはそれ自身に対して同調できるものとして）を受け入れてしまうと、その見解を支持しその見解に賛同するあらゆるものを引き寄せる。そして、その見解と逆の立場にある、より多くの、より重要性の高い事実があっても、なお、そういった事実を無視したり見下したりする。さもなければ、何か間違いを持ち出して

脇に追いやったり拒絶したりする。こうして、自身のもつ権威ある結論が無傷のままでいられるようにするのだ。

ジョージ・オーウェルは次のように言った──「人間が未来を予見できるのは、それが自分の望みに一致したときだけであり、最も明らかな事実は、歓迎されないものであれば無視される」。ウェイソン（1960年）およびトバスキーとカーネマン（1974年）は、人々が自分たちがすでに信じているものを裏づける情報を探し、信念と一致しない情報を無視するやり方にはいろいろな方法があることを示した。

最近の値動きを将来の値動きの代理と考え、最近上昇した株への投資を増やし、最近上昇しなかった株への投資を減らす投資家は、確証バイアスに陥りやすい。これは価格のトレンドを増強し、その結果トレンドは続く。フリーゼン、ウェラー、ダンハム（2009年）は、過去の価格パターンを使ったテクニカルトレードがなぜうまくいくのかを説明する確証バイアスモデルを開発した。

群れ行動、フィードバックトレーディング、過剰反応

モメンタムの利益を説明する正式な行動モデルを初めて開発したのはディロングほか（1990年）である。彼らの研究では、正のフィードバック戦略に従うトレーダーの存在が明らかになった。こういったトレーダーは価格が上昇すれば買い、下落すれば売る。これによって価格の過剰反応が起こり、その結果モメンタムの利益が得られるというわけだ。またこの効果に加え、ガーリニューとペダーセン（2007年）は、下落トレンドで売り、上昇トレンドで買う損切り注文といった過去の価格を使ったリスクマネジメント手法を明らかにした。これは価格にトレンドがあることを裏づけるものだ。

ビクチャンダニ、ハーシュライファー、ウェルチ（1992年）は情報

カスケイドという概念について解説した。これはトレーダーがみんなと同じことをすることを意味する。これは群れ行動によってより一層強化される。群れ行動は、株式アナリストの推奨と予測（ウェルチ［2000年］）や投資ニュースレター（グレアム［1999年］）、機関投資家（グリーンブラット、ティトマン、ウェルマーズ［1995年］）のなかに見ることができる。ジョン・メイナード・ケインズは、ファンドマネジャーの最優先事項は職を維持し続けることであると述べた。このなかで彼は群れ行動について興味深いことを言っている。職を維持し続けるためには、それぞれが絶対に間違ったと認めてはならない。間違えばそれは群れ行動となって、ファンドマネジャーたちの間に伝染するからだ。

　チャールズ・マッケイは1841年に書いた『狂気とバブル──なぜ人は集団になると愚行に走るのか』（パンローリング）のなかで次のように言っている──「人間は集団で考えるとはうまいことを言ったものだ。人間は集団になると愚行に走る。そして、一人になって初めてゆっくりと正気を取り戻す」。群れ行動には強い心理学的要素と生理学的要素が含まれる。人は集団になるとオキシトシンが放出され、信頼と安心の肯定的な感情を持つようになる。一方、集団から孤立すると、扁桃体が刺激され、戦うか逃げるかの反応をもたらし、考える脳が支配される（危険に対して戦うか逃げるかの反応をもたらすのは副腎髄質ホルモンとコルチゾール。もっとよく知りたい人はツバイク［2007年］を参照）。

　群れ行動は非常に原始的なものだ。動物は攻撃されるリスクを少なくするために群れで行動する。つまり、群れ行動は私たちの脳とDNAに深く刻み込まれているのである。

　市場活動は生理の変化を刺激し、行動の変化を生みだす。カンダサミーほか（2014年）は、投資家は市場のボラティリティが上昇すると、ストレスホルモンであるコルチゾールが持続的に増加し、これによっ

てよりリスク回避的になることを示した。生理によるリスク選好の変化は、市場が不安定になる原因かもしれないが、これは正当に評価されていない。しかし、多くの個人投資家が市場の底やその近くで集団で売る理由を説明するのに役立つかもしれない。これはまた、フィードバック関連の行動の根底にあるものを理解するのに役立つかもしれない。このあとの章では、ストレスレベルが高まり、お金の保全を損なうような行動を起こしてしまう前に、価格が下落している資産をポートフォリオから取り除くうえで、絶対モメンタムとデュアルモメンタムがどう役立つのかを見ていく。

　なぜ投資家は群れ行動を引き起こす正のフィードバック戦略に従ってしまうのかについては、ほかにもいくつか理論がある。バーベリス、シュレイファー、ビシュニー（1998年）は、投資家は保守的であるため最初はニュースに過小反応するが、時間がたつと今度は代表性ヒューリスティックによって過剰反応するようになることを示した。トバスキーとカーネマン（1974年）が指摘するように、代表性とは、似たようなものを見ると、違っているにもかかわらず関連づけてしまうことを言う。投資家の場合、最近の上昇傾向を見て、将来的にもそうなると思ってしまうことである。

　ダニエル、ハーシュライファー、サブラマニャム（1998年）は、投資家の自信過剰と責任帰属バイアスを組み込んだフィードバックモデルを提案した。自信過剰は実験心理学のなかで最も強い実証的事実である。カーネマン（2011年）は次のように言った――「私たちは世界を理解していると買いかぶりすぎていて、事象の偶然性を過小評価しすぎている」。自信過剰は最適ではない結果を生みだす。溺れる者は、泳ぎの最もうまい者であることを忘れてはならない。

　自信過剰は後知恵バイアスも引き起こす。人間は事が起こってからそれが予想可能だったと考える傾向があり、これを後知恵バイアスという。また良いことが起こったときはそれを自分のおかげと思い、悪

いことが起こったときは他人のせいにしてしまう。これを責任帰属バイアスと言う。投資家の場合で言えば、儲かったときには自分の手柄にし、損をしたときには他人のせいにすることを言う。投資家は自信過剰で買うので、それが価格を押し上げる。そのあと価格の上昇に一致するニュースに過剰反応するため、それが価格のトレンドを生み、正のモメンタムは持続する。

バーベリスほか（1998年）とダニエルほか（1998年）のモメンタムの利益についての説明は、投資家の行動によって市場は非効率的になることに基づいたものだ。一方、ホンとスタイン（1999年）は、モメンタムの利益は市場の不完全性によるものであると主張する。彼らは市場には2つのタイプのトレーダーが存在すると言う。1つは、ニュースウオッチャーで、ニュースは徐々に拡散すると信じる者だ。ニュースが徐々に拡散すると、最初は短期間だけ価格は過小反応し、そのあと過大反応する。もう1つのタイプのトレーダーは、モメンタムを使って、ニュースウオッチャーが取りこぼした利益を取得する。彼らは情報の継続的な拡散から利益を得るために、モメンタムの続行を見てとるとそれに便乗する。価格はニュースに対して最初は過小反応し、のちに過剰反応し、投資家は利益を追いかける。

ダッフィー（2010年）は、価格の動きがのろいのは、ニュースの拡散がゆっくり進むためというよりも、投資家が無関心であるためと主張する。チャン、ジェガディーシュ、ロコニショック（2012年）は、レラティブストレングス・モメンタムが6カ月から12カ月にわたって最もうまく機能するのは、アナリストがニュースからの情報を更新するのにそれだけの時間がかかるためであると言う。ミッシェル、ペダーセン、パルビノ（2007年）は、市場の摩擦と動きの遅い裁定資本が価格の発見を遅らせ、それによって価格は最初は下落し、そのあと上昇すると主張する。

ディスポジション効果

ディスポジション効果という言葉はシェフリンとスタットマン（1985年）が考えだしたもので、のちにグリーンブラットとハン（2005年）によって確認された。これは、投資家が利益を確保するために勝ちトレードを早く手仕舞いしすぎ、損失を取り戻すために負けトレードに長くしがみつく傾向があることを言う。シェフリンとスタットマンは、この原因は、メンタルアカウンティング（心の会計。含み損は現実化した損失よりも痛手は少ない）、後悔の回避（間違ったことをしたことをくよくよ悩むのを回避する）、自制心の欠如（自分で決めたルールを無視する）、税金にあると言う。

フラツィーニ（2006年）は、ディスポジション効果は投資信託のファンドマネジャーたちにとってもニュースの過小評価につながることを示した。資産価格は良い材料が出ても、早まった売りによってすぐには適正価格まで上昇しない。逆に悪い材料が出ても、機関投資家たちが売りたがらないため、すぐには下落しない。こうした行為によって価格の発見は遅れ、株価は彼らの基本的価値に向かってトレンドを続け、これがモメンタム効果を生みだす。

オディーン（1998年）は、1980年代の1万人の個人投資家のトレード結果を調査した結果、投資家が株を売って利益を得る確率は、損失を被る確率よりも50％高いことを発見した。ディスポジション効果は年次リターンにして平均で4.4％の損失をもたらすという結論に達した。

まとめ

モメンタムの行動心理学に基づく説明は、人間の感情バイアスによって説明がつく。人間の感情バイアスによって市場は最初は過小反応

し、のちに遅れて過剰反応を示す。ディスポジション効果は早まった売りと買いの慣性力によって資産価値が真の価値まで上昇するのを遅らせる。アンカリングと確証バイアスもまた、価格が真の価値を反映するのを遅らせる。

　長期的に見ると、価格は真の価値に追いつくが、これは群れ行動と便乗効果による過大反応を生みだす。群れ行動、アンカリング、確証バイアス、ディスポジション効果は互いに補足し合い、それがモメンタムを生みだすという行動心理学に基づく概念に結びつく。

　モメンタムはなぜ機能するのかと聞かれると、あなたもまたポカンとするかもしれない。あなたは説明に窮するかもしれないが、少なくともモメンタムは過去212年における一時的な効果ではないことは分かっている。モメンタムが機能する論理的な理由は存在し、理由はたくさんある。

　ただし、現時点ではその理由ははっきりしない。行動経済学についてもっと知りたい人は、巻末の推薦図書を参照してもらいたい（バーベリスとターラーの「A Survey of Behavioral Finance」［2002年］も参照のこと）。リチャード・ターラーは、効率的市場と行動経済学のどちらを選ぶかと聞かれたとき、「それは明らかな間違いと曖昧な正しさのどちらを選ぶかということだ」と答えた（フォックス［2009年］を参照）。

　モメンタムの行動経済学的な説明を受け入れれば、行動バイアスが私たちの心理と生理に根ざしていることに気づくはずだ。行動バイアスが将来的に変わるとは思えない。モメンタムは人間の行動バイアスが私たちに逆効果的な影響を与えるというよりも、人間の行動バイアスによって私たちに利益をもたらしてくれるものである。

　モメンタムに対する理論的な理解ができたところで、次は実践面を見ていくことにしよう。次の第5章ではモメンタムポートフォリオに含むべき資産について見ていく。

第5章　資産の選択——
　　　　良い選択、悪い選択、醜い選択

Asset Selection : The Good, the Bad, and the Ugly

> 「分散とは無知に対するリスク回避だ。広範囲な分散投資が必要となるのは、投資家が投資に疎い場合のみだ」——ウォーレン・バフェット

　私たちはみんな、テールリスク（ドローダウン）が最小で、リスクプレミアムの大きな投資をしたいと思っている。リスクプレミアムとは、バイ・アンド・ホールド戦略において、リスクを受け入れる代わりに与えられるリワードのことを言う。ジェレミー・シーゲル（2014年）の『シーゲル博士の株式長期投資のすすめ』（日本短波放送）の序文で、彼は「長期的に見ると株式のリターンはほかの金融資産のリターンを上回っただけでなく、インフレを考慮に入れたときの債券のリターンよりもはるかに安全で予測可能だった」と書いている。

　1900年から2013年まで、リスクフリーレート（無リスク金利）を差し引いた米国株の平均年次リターンが6.5％だったのに対し、非米国株のリスクプレミアムは4.5％だった（ディムソン、マーシュ、スタウトン［2014年］を参照）。この30年にわたる債券のブル相場でも、債券のリターンは株式と同程度だった。しかし、いつもこうとは限らない。

債券？　お粗末な債券はいらない

　米国の長期国債の1900年から2013年までのインフレを差し引いた平均年次実質リターンはわずか1.9％で、同年代の米国株のそれ（6.5％）

に比べるとはるかに低い（ディムソンほか［2014年］によれば、1900年から2013年までの非米国の長期国債の年次実質リターンは1.6％で、非米国株のそれは4.5％だった）。1940年から1981年における債券の実質リターンはマイナスだった。1941年に長期国債を買った人は、トントンに持っていくまでに50年もかかった。

　私たちにとって今期待できることと言えば、現在の債券の利回りは将来的に得られる利益の良い指標になることだろうか。バンガード・グループの創設者であり元CEO（最高経営責任者）のジョン・ボーグルは、1926年以来、米国の10年物Tノートの利回りは、その債券を満期まで保有し、利息をそのときのレートで再投資した場合に得られる年間リターンの92％を説明していると指摘する。現在の米国の10年物Tノートの年間利回りは2.7％である。したがって、中期国債の今の年間利回りの最も有力な推定値は2.7％ということになる。

　投資家たちはこれまで債券を株式ポートフォリオの分散化とボラティリティを低減するのに使ってきた。投資家たちは通常、株式市場の周期的な下落を切り抜けるのに、債券のようなボラティリティの低い資産を使う。2007年から2008年にかけての金融危機で、株式を支えてくれたのが債券だった。しかし、いつもこうとは限らない。株式と債券は1973年以来およそ70％の時間帯で正の相関の関係にあった。一般的なリスクファクターは同じで、逆方向に動くのは一定の条件のときのみである。**図5.1**は1931年からのイボットソン長期米国債指数とS&P500株価指数の5年ローリング期間の相関（モーニングスターより取得）を示したものだ。これを見ると分かるように、株式と国債の相関は半分の時間帯以上でゼロを上回っている。

　債券は株式に比べると不安定で、極端な損失の影響を受けやすいのは株式と同じである。1900年からの長期米国債の実質ベースでの最大ドローダウンは68％で、米国株は73％だった。1807年以降の5年ごとの株式の最悪パフォーマンス（年間マイナス11％）は債券の最悪パフ

図5.1 S&P500インデックスと米国国債の5年のローリング期間の相関係数（1931〜2011年）

ォーマンスに比べるとほんの少し悪かったが、10年ごとに見ると、株式の最悪パフォーマンスのほうが債券の最悪パフォーマンスよりも良い（シーゲル［2014年］を参照）。

過去200年にわたるリターンを見ると、債券の実質ベースのリターンは年間平均で3.6％だったが、株式の実質ベースのリターンは年間平均で6.6％だった（ディムソンほか［2014年］を参照）。**図5.2**は、これが投資家にとって長期的に何を意味するかを示したものだ。この図に含まれたメッセージを十分に理解するまでじっくり見てもらいたい。あなたの長期的な財政状態はこの図に依存するかもしれないのだから。長期累積リターンとしては、株式はTノートやTビル、コモディティ（金）に比べるとはるかに高い。

定年後の資産として持つ場合を含め、米国家庭で株式を保有してい

図5.2 実質ベースのリターン—株式、Tノート、Tビル、金、米ドル（1802〜2012年）

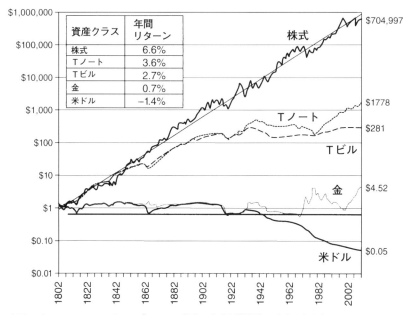

出所＝ジェレミー・シーゲルの『シーゲル博士の株式長期投資のすすめ』より

　るのはおよそ半分しかいない。ベナルッチとターラー（1995年）は論文「Myopic Loss Aversion and the Equity Premium Puzzle」のなかで、投資家は株式に比べると債券を多く保有している、なぜなら、彼らは長期パフォーマンス目標よりも短期パフォーマンスと短期ボラティリティを重視するからであると書いている。この損失回避によって、株式の保有率は下がり、したがって株価は下がり、株式のリスクプレミアムは上昇する。短期ボラティリティのことはあまり考えずもっと大局を見るようにすれば、市場により長くとどまることができ、株式のこの高いリスクプレミアムを享受できる。このあとの章で見ていくが、絶対モメンタムとデュアルモメンタムのリスクを低減する性質によって、この目標を現実のものにできるのである。

図5.3 10年物米国債の利回り（1871〜2013年）

　この30年間、債券のパフォーマンスが良かったので、1946年から1981年にかけての債券のベア相場のことを忘れている人もいるかもしれない。この30年の中期国債の利回りは最高で15％を超えた。**図5.3**は債券市場の長期にわたる歴史を示したものだ（ロバート・シラーのウェブサイトより。http://www.econ.yale.edu/~shiller/data.htm を参照）。

　債券価格は金利変動と逆方向に動くので、中期国債は、年間利回りが長期平均レートの6.75％まで上昇すると、その価値の半分は失われる可能性がある。実質ベースのTボンドのリターンは、かつて今日と同じような金利水準のあとでは、45年にわたって負だったことを忘れてはならない。

　確定利付投資について、ウォーレン・バフェットは2012年のバーク

シャー・ハサウェイの株主に対する年次レターで次のように書いている。

> 債券は最も危険な資産の1つだ。債券の保有者は金利や元本のタイムリーな支払いを受け続けているが、過去100年にわたって債券は多くの国において投資家たちのバインパワーを崩壊させてきた……今、債券は警告レベルに達している。

そこで質問なのだが、絶対（およびデュアル）モメンタムによって株式ポートフォリオの下方リスクを減らすことができるときに、資産を債券に永久的に配分する必要があるだろうか。絶対モメンタムも債券を使うが、それは株式が弱く、債券が強いときのみである。例えば、2008年に株式が大暴落したときは債券は利用価値があった。絶対モメンタムのようなダイナミックなアセットアロケーション手法は、株式や債券を使うが、使うのは最適な時期のみである。これによって、債券に永久的に資産を配分することによってもたらされるパフォーマンスの低下を低減しながら、2つの世界のベストな部分を利用することができるのだ。

定年を過ぎたか、定年に近い投資家やリスク回避的性質の強い投資家といった保守的な投資家は、デュアルモメンタム・ポートフォリオの短期的なボラティリティを低減するために、債券に適度に配分することができることはこのあと見ていく。さらに、債券リターンを上昇させ、その下方リスクを減らすためにデュアルモメンタムをどのように使えばよいのかもこのあと示していく。認識の違いやアンカリングバイアスの存在を考えると、投資家たちが長期ポートフォリオに債券を大量に含むことが賢明なやり方だという考えをあきらめるには、もう一度債券の深刻なベア相場が起こる必要があるかもしれない。

リスクパリティ？　まさか！

　近年、債券のイクスポージャーを大幅に増やすことで、教訓に逆行する投資家もいる。株式と債券のボラティリティを等しくするために、ポートフォリオの75％を債券で保有する「リスクパリティ」プログラムなるものが多数存在する（私の論文「Absolute Momentum: A Simple Rule-Based Strategy and Universal Trend-Following Overlay」は本書の付録Bに提示している。この論文には債券の配分をわずか40％に抑えたリスクパリティアプローチが含まれている。これを可能にしてくれるのが絶対モメンタムだ）。債券のリターンは株式のリターンよりも低いため、これらのプログラムは期待リターンを許容可能な水準に引き上げるのにレバレッジを用いるが、今の金利が史上最低水準にあることを考えると、これはあまり良い考えではないかもしれない。レバレッジポートフォリオのリスクは、尖度（ファットテール）、非流動性、カウンターパーティーリスク、連鎖リスクなどさまざまな特徴を持つ。負のひずみ（負のリターンが正のリターンより大きい）は、レバレッジと組み合わせると特に有害だ。リスクパリティ投資家は株式リスクをほかのリスクにすりかえようとしているだけかもしれないが、これも問題だ。

　2013年の第2四半期、インベスコの235億ドルのバランスド・リスク・アロケーション戦略ファンドは5.5％下落した。最大のリスクパリティプログラムであるブリッジウオーターの790億ドルのオール・ウェザー・ファンドはインフレによる560億ドルの負債によって8.4％下落し、債券への大きな依存度を見直すことを余儀なくされた。しかし、デュアルモメンタムを使えば、デュアルモメンタムが債券が必要だと教えてくれるとき以外は、「お粗末な債券は必要としない」。私たちが債券を使うのは、ポートフォリオに付加価値を与えてくれるベストな状態にあるときだけであって、ポートフォリオのパフォーマンス

を下落させるようなときは使わない。

57種類の分散化

　分散化は古くからある概念だ。1500年前のバビロニアのタルムード（ユダヤ教の律法）にも出てくる——「お金は3分の1は土地で持ち、3分の1は商品で持ち、残りの3分の1はいつでも使えるように自分で持っておくべきだ」。旧約聖書の伝道の書11章2節には、「あなたは持ち分を7つまたは8つに分けよ、あなたは、どんな災が地に起こるかを知らないからだ」とある。シェークスピアの『ベニスの商人』のなかのアントニオのせりふに次のようなくだりがある——「ぼくの投資は何も1つの船にかかっているわけではない。取引先も1カ所だけではない。それに全財産が今年の商いの運不運に左右されるわけでもない」。

　多くの資産クラスが深刻なドローダウンを被った2007年から2008年にかけての世界的な金融危機がきっかけとなって、分散化が進んだ。よく知られる諺に、分散化はそれが機能しなくなるまではうまく機能する、というものがある。市場に流動性がなくなると、相関は急激に上昇する傾向がある。分散化が最も必要なのはこんなときだ。これによって分散化にはさらに弾みがついた。

海外分散投資

　米国株イクスポージャーを債券以外で分散化するよく使われる方法は、外国株を保有するというものだ。米国の投資家は1960年代から海外の投信を買えるようになり、1970年代になってからは米国の機関投資家たちの間で海外分散投資が盛んに行われるようになった（非米国株投資家は一般に米国株投資家よりももっと普遍的な投資アプローチ

を取っていた)。

　1900年から2012年までの米国株の年間リスクプレミアムはTビルを平均で6.5％上回っていた。18カ国の非米国市場のリスクプレミアムは平均で4.5％だった(ディムソンほか[2014年]を参照)。米国株の長期リターンは非米国株のリターンに比べるとはるかに高かった。しかし、米国株と非米国株の相関は近年高まってきている。1972年から1999年までのS&P500とMSCI EAFEの12カ月の相関の平均は0.42で、それ以降は0.83に上昇した。米国の大手50社を見てみると、真ん中の会社はビジネスの57％を米国外で行っている。こういったことを考えると、米国株と外国株の分散価値は確かに下がってきている。しかし、人気のある市場とそうでない市場があることを考えれば、非米国株は依然としてレラティブストレングス・モメンタムをベースとするポートフォリオに付加価値を与えてくれるかもしれない。私たちがデュアルモメンタム・ポートフォリオに外国株を含めるのはそのためだ。

新興市場

　さらなる分散化とより大きなリターンを求めて、投資家のなかには新興市場の株式を利用し、それを独立した資産クラスとして扱う者もいる。しかし、新興市場には付加的リスクがある。例えば、価格のヒストリカルデータは30年に満たないし、ときには非流動的なこともあり、トレードや管理にお金がかかる。また、発展途上国の会計手法は先進国の基準と必ずしも一致するわけではない。

　新興市場は価格の急激な大暴落を起こすこともあるため、新興市場の株式は複数の銘柄をひとまとめにして一括で売買されるバスケット取引を行うことが多い。これは、新興市場における分散化はリスクを低減するという考えによるものだ。しかし、新興市場の株式バスケットは連鎖リスクを引き起こすため、まとめて一括でトレードされる。

図5.4　EAFEと新興市場の5年ローリング期間の月次相関係数

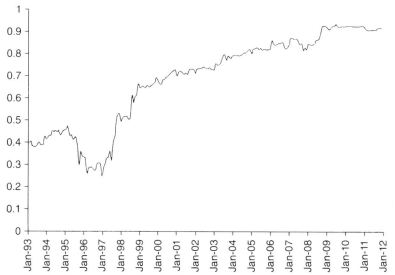

　また、一括取引と連鎖リスクは流動性リスクを増大する可能性もある。ロシアの債務危機のとき、遠く離れたシンガポールの新興市場からは資本が流出し、価格ボラティリティは極端に増大した。

　グローバル化が進み、相関は新興市場と先進国市場間のみならず、新興市場の間でも高まっている。**図5.4**は新興市場と先進国市場間の5年ローリング期間の月次相関を示したものだ。1990年代は0.30を下回っていたが、過去3年の相関は0.90を超えている。

　分散化の観点から言えば、新興市場は魅力を失った。ポートフォリオに新興市場を加えることで得られるものは、ボラティリティの増加と不確実性の高まりだけである。これはあまり好ましいとは言えない。私たちはデュアルモメンタム・モデルに新興市場を含めるが、これはポートフォリオの非米国株式指数に新興市場が含まれているからだ。この指数は時価総額加重になっているため、新興市場がその指数に占

める割合はわずか14％にすぎない。デュアルモメンタム・ポートフォリオからは新興市場を完全に取り除くこともでき、それによって結果が大きく変わることはない。

コモディティのパッシブ運用

　最近、多くの支持を集めているボラティリティの高いもう１つの資産クラスがコモディティ先物だ。その理由の１つは、コモディティはインフレヘッジとして機能すると考えられているからだ。しかし、長期的な普通株や米国物価連動国債、あるいはＴビルもインフレヘッジになる。

　コモディティ先物の根本的な問題は、通貨と同様、株式や債券と同じ意味での資産クラスではないということである（通貨は、バイ・アンド・ホールド・プレミアムよりも、相対的な為替変動の影響を受けやすい）。資産クラスとは、長期的にリスクフリーレートを上回る正の超過リターン（「リスクプレミアム」あるいはその資産を保有することで被るリスクに対するリワード）を生む同種の資産の集合体のことを言う。

　株式や債券は資金調達の手段として存在する。投資家たちは資金を提供した見返りに、債券や株式の余剰キャッシュフローから連続的な支払いを期待することができる。しかし株式や債券とは違って、コモディティ先物は超過リターンを提供してくれるロングオンリーのポジションを持つことはできない。

　コモディティ先物はゼロサムゲームだ。つまり、取引コストを無視すれば、買い手と売り手の利益と損失は等しいということである。エルブとハーベイ（2006年）によれば、「個々のコモディティ先物の平均超過リターンはほとんどゼロに等しい」。

　コモディティ先物は、ヘッジャーや投機家がリスクをトレードする、

いわば保険のような市場だ。したがって、正のリターンは期待できない。先物は納会がくれば終了し、これらの取引では富は創造されない。先物の利益と損失は買い手と売り手で対称的なので、買い手はボラティリティを受け入れる代わりに正のリターンを得られるとは限らない。なぜなら、売り手もまた同じ理由で正当なリターンを得る権利があるからだ。一方が勝てば、他方は負ける運命にある。

コモディティヘッジャーは一般に、資本集約的ビジネスで未知のリスクを分散させる必要があるために空売りを行う。コモディティ市場に実際に参加する必要のない投機家は、先物をロールオーバーすることでプレミアムが得られるため、これらのトレードの逆サイドを取る。

1980年代、私は大きなコモディティプールを運営していたが、そのときコモディティ先物の買い手は、ヘッジャーから投機家に流れる「ロールイールド」とか「ロールプレミアム」と呼ばれるシステマティックな正のリターンを享受した。ヘッジャーは許容できないリスクを減らすために、保険プレミアムを投機家に支払うのが普通だ。

しかし、今ではこの力学は変わった。コモディティがポートフォリオの分散効果をもたらすものであることを示す2000年代初期のデータだけを使ったゴートンとローウェンホルスト（2006年）のような学術論文によって、多くの機関投資家はパッシブ運用のコモディティ先物のポートフォリオに投資するように誘導された。ゴールドマン・サックスのような指数ベンダーはコモディティ先物を機関投資家に打ってつけの新しい資産クラスとして推進した。

2002年から2007年にかけてコモディティバスケットの価値が150％近くも上昇したことによって弾みがつき、2004年から2008年にかけて1000億ドルを超えるお金がコモディティ先物市場に流れ込んだ。これがコモディティの「金融化」を引き起こした。JPモルガンのコモディティーズ・リサーチによれば、2009年末には投資家たちのお金は550億ドルがゴールドマン・サックス・コモディティ・インデックス

図5.5　非コマーシャルズが保有する未決済建玉の比率

出所＝アダム・ザレンバ

（GSCI）に、300億ドルがダウ・ジョーンズUBSコモディティ・インデックス（DJ-UBSCI）に投資された。

2007年7月にはおよそ1700億ドルだったコモディティ投資は、2013年2月には4100億ドルにまで増加した。寄付基金、年金ファンド、ヘッジファンド、リスクパリティプログラム、そして一般大衆までが便乗し、ポートフォリオを分散化するために、ロングオンリーのコモディティインデックス先物を競うように買った。

今では多くの年金プログラムが、ポートフォリオ資産の5％から10％はコモディティにすべきだと信じている。**図5.5**に示したように、1990年から2012年にかけて、非コマーシャルズが保有するコモディティ先物の未決済建玉の比率は15％から42％に上昇した（ザレンバ［2013年］を参照）。

こうした新しい投機家は価格にかかわらず買う傾向がある。保険提供者（投機家）の数が保険の買い手（ヘッジャー）に比べて多くなる

につれ、ロールイールドは減少し、今ではマイナスになった。1969年から1992年までのロールリターンの年間平均は11％で、2001年以降は－6.6％になった（インカー［2010年］を参照）。

1970年までに累積されたロールイールドによる利益は2009年末にはすべて失われた。パッシブ運用コモディティ指数は2008年に達成した最高水準をまだ下回っている。コモディティ先物を買った人には不利な状況が続いている。しかし、パッシブ運用コモディティはいまだに好ましいポートフォリオの分散手段として幅広く売られている。

ドイツ銀行リキッド・コモディティ・インデックス・オプティマム・イールドやサマーヘイブン・ダイナミック・インデックスといったいくつかの新たなコモディティ・インデックスは、依然として正のロールプレミアムを提供してくれる先物を選ぶことで、ロールイールドの損失を補おうとしている。しかし、パッシブ運用コモディティ・インデックス・ファンドはロールプレミアムが正であるにもかかわらず、また別の厄介な問題に直面している。コモディティ先物ポジションのロールオーバーを定期的に行うことによって生じるフロントランニングコストの問題である。フロントランニングとは、顧客が売買する前に同一の売買を先回りして行い、利益を得ることを言う。

イークン・モウ（2011年）は、2000年1月から2010年3月までの年間フロントランニングコストは3.6％と試算している。JPモルガンのコモディティーズ・リサーチは2009年、1991年以降、ロールリターンはコモディティ・インデックスのリターンより年間で3％から4％低いと報告している。こうした隠れたコストはたちまちのうちにパッシブ運用コモディティインデックス先物の買い手の出鼻をくじいてしまった。

コモディティにはもう1つ問題がある。それは相関が上昇してきていることだ。タンとジオン（2012年）によれば、1990年代から2000年代にかけて、コモディティインデックスの1年ローリング期間の相関

は0.10と安定水準を保ってきたが、2009年には0.50に上昇した。2008年以前は、GSCIとS&P500の相関は-0.20〜0.10のレンジで推移してきたが、それ以降はずっと0.50を上回っている（リー、チャン、デュー［2011年］も参照）。

さらに、1929年の大恐慌と2008年の金融危機には、株式とコモディティの相関は80％を上回った。コモディティによる分散化は、それが最も必要とされているときにできなかったのである。国際決済銀行のロンバルディとラバゾッロ（2013年）によれば、コモディティをヘッジ手段としてポートフォリオに含めるという考えはもはや有効ではないのである（コモディティリスクファクターへのイクスポージャーは、それを見つけ、分離して利用できるのであれば使ってもよいかもしれない。ブリッツとデ・グルート［2014年］を参照）。

ロールリターンの減少とリターンの相関の増加によって、今やコモディティ先物のパッシブアロケーションの平均分散による分散化効果はなくなった。ダスカラキとスキアドポウロス（2011年）による包括的研究論文「Should Investors Include Commodities in Their Portfolios After All? New Evidence」は、効用の最大化を図ろうとする投資家にとって、コモディティを伝統的な株式・債券ポートフォリオに含めるのはもはや効果がないことを示した。さらにブリッツとデ・グルート（2004年）は、モメンタム、キャリー、ボラティリティの低いコモディティ市場のリスクファクターを含めるのはよいが、コモディティはもはや株式・債券ポートフォリオにとって何の役にも立たないことを発見した。

投資家がパッシブ運用コモディティインデックスをポートフォリオに最初に組み込んだのは1991年のことだった。**表5.1**は、1991年から2013年までのDJ-UBSCIのパフォーマンスと、S&P500、モルガン・スタンレー・キャピタル・インターナショナル・ヨーロッパ・オーストラリアシア・ファーイースト（MSCI EAFE）、MSCIエマージングマ

表5.1　ダウジョーンズUBSコモディティー・インデックス（1991～2013年）

	DJ-UBSCI	S&P 500	MSCI EAFE	MSCI EM	AGG BOND
年次リターン	4.1	9.9	6.5	10.3	6.4
年次標準偏差	18.2	18.6	20.2	35.5	5.1

ーケット（MSCI EM）、バークレイズ・キャピタル・US・アグリゲイト・ボンドのパフォーマンスを比較したものだ（GSCIの代わりにDJ-UBSCIを使ったのは、GSCIのエネルギーセクターに対するアロケーションが60％から70％と高いのに対して、DJ-UBSCIは各コモディティセクターの指数に占める割合を3分の1以下に制約しているからだ）。この期間には、コモディティにとって非常に有利だった2002年から2007年も含まれている。**図5.6**はDJ-UBSCIとS&P500を比較したものだ。

1973年1月から2011年12月までの長期にわたって、GSCI（1991年以前はDJ-UBSCIは存在しない）の平均年次リターンは6.1％、標準偏差は19.3％だったのに対し、5年物国債のリターンは7.7％、標準偏差は4.3％だった。

マネージドフューチャーズ

パッシブ運用コモディティについて話したことは、アクティブ運用のコモディティ先物にも当てはまる。マネージド・フューチャーズは通常、トレンドフォロー手法を使ってコモディティ先物市場のロングポジションとショートポジションを取る。しかし、アクティブ運用の先物トレードによって得られる超過リターンは依然として、コマーシャルズのヘッジャーからリスクプレミアムを勝ち取ったり、ほかの投機家を出し抜くことに依存している。

図5.6 ダウ・ジョーンズUBSコモディティー・インデックスと
S&P500

　1980年代、コモディティプールを運営しているとき、投機家はあふれんばかりのロールプレミアムを享受できた。これによって多くのCTA（商品投資顧問業者）が富を手にした。しかし近年では、同じトレンドフォローによる利益を狙って、より多くの投機家が市場に参入し、しのぎを削っているため、魅力的なリスク調整済みリターンを得ることは難しくなった。今、株式のアクティブ運用にも同じようなことが起こっている。同じ情報を持つ者がエッジを得ようとしのぎを削っている。しかし、株式の場合、株価が上昇しているため、確実にリスクプレミアムが得られる。しかし、コモディティではそうはいかない。

　こうした事実にもかかわらず、バークレイズヘッジによれば、マネージド・フューチャーズの資産額は2007年の509億ドルから2014年の

3250億ドルに増加している。これは全ヘッジファンド業界の実に15％に及ぶ。特に驚くべきことは、2007年以降のマネージド・フューチャーズの平均リターンは負で、年間ローリングリターンは21カ月連続で負だということである。

　これは、近年マネージド・フューチャーズへの参加者が増えたことで、機関投資家がアグレッシブに分散化するようになったことが原因と思われる。例えば、平均的な米国の大学の寄付基金は資産の54％を代替投資に投資し、米国株には15％しか投資していない。政府系ファンドも代替投資への配分を増やしている。私はこれを、「キッチンシンク以外のありとあらゆる」アプローチと呼んでいる。では、莫大な量の資産が流入したマネージド・フューチャーズには何が起きたのだろうか。

　バードワジ、ゴートン、ローウェンホースト（2013年）は、その名もずばり、「Fooling Some of the People All of the Time : The Inefficient Performance and Persistence of Commodity Trading Advisors」というタイトルの論文を発表した。彼らはリッパーTASSのデータベースから選んだ930人のCTAの生き残りバイアスと事後的データ提供バイアスを修正した均等加重パフォーマンスを使って、投資家に対する米国Tビルを上回る超過リターンを計算してみたところ、1994年から2012年まで、年間平均がわずか1.8％だったことを発見した（**図5.7**を参照。名目年間リターンは4.84％で、標準偏差は10.2、シャープレシオは0.18だった）。これは実質的にはゼロとほとんど同じである。

　ほかのヘッジファンド同様、CTAの年間の運用報酬は資産の2％で、成功報酬は20％というのが多い。同期間の運用報酬の平均は年間4.3％だった。これは投資家が受け取る超過リターンの倍以上である。投資家が得たリターンはTビルと大して変わらず、しかもボラティリティは株式と同程度だった。バードワジほか［2013年］は、マネージ

図5.7　CTAのパフォーマンス（1994～2012年）

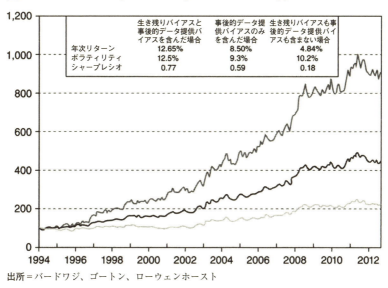

出所＝バードワジ、ゴートン、ローウェンホースト

　ド・フューチャーズへの関心が依然として高いのは、リターンの悪さが一般に知られていないからだと言う。今日のデューディリジェンスではこんなことはあり得ないことだ。

　定量的タイミング戦略を使っても利益が出ないことは、1980年代中期以降の先物取引の研究によって裏づけられた。マーシャル、カーハン（2008年）は、5つのルール群（フィルタールール、移動平均、支持線と抵抗線、チャネルブレイクアウト、オンバランスボリューム）の7000のトレードルールを、1984年から2005年までの15の主要コモディティ市場に適用してみた。2つの異なるブートストラップ法を使って、データスヌーピング・バイアスを調整したところ、これらのルールは広く支持されてはいるものの、利益には結びつかないことを発見した。

　マネージド・フューチャーズは分散効果があるため、ポートフォリ

オによってはまだ利用価値があるかもしれない。2008年、クレディ・スイス・マネージド・フューチャーズ・インデックスは17.6％上昇した（2008年はこのインデックスが利益を出した最後の年になった）。しかし、クレディ・スイス・ヘッジ・ファンド・インデックスは20.7％下落した。同じ年、ロイター・CRBコモディティ・インデックスは23.7％下落、S&P500インデックスは38.4％下落、MSCIワールド・インデックスは42.1％下落、ダウ・ジョーンズ・ウィルシアー・リアル・エステート・セキュリティーズ・インデックスは43.1％下落した。コモディティは、1973年から1974年にかけての原油禁輸措置のような供給ショックをヘッジすることはできるが、1981年や2001年の不況のような全般的なショックのヘッジにはならない。

それでもアクティブ運用の先物をポートフォリオに含ませたい人には別の方法がある。ハースト、オオイ、ペダーセン（2014年）は、1985年6月から2012年6月までの58の流動性のある先物市場のデータと、第8章に出てくるような単純なトレンドフォロー絶対モメンタム戦略を使って調査してみたところ、コスト差し引き前のCTAの運用成績としてかなり良い数値を得ることができた。アクティブ運用のコモディティ先物に参加したい人は、単純なトレンドフォロー戦略を使うことで、高い手数料を避ける（そして、トレンドをつかんで利益を得る）ことができるということである。

ヘッジファンド

アルフレッド・ウィンスロー・ジョーンズは1930年代初期、米国外交官としてベルリンに駐在した。彼はそこで反ナチグループのための秘密のミッションを実行した。若いころ、彼はよく旅をし、アーネスト・ヘミングとは飲み仲間だった。そしてのちに、コロンビア大学で社会学の博士号を修得し、1940年代初期にフォーチュン誌の編集スタ

ッフになった。1948年、フォーチュンのために投資トレンドについての記事を書いていたとき、株式のロングポジションのリスクを、ほかの株を売り、レバレッジを使ってポートフォリオのリターンを向上させることでコントロールするという独創的なアイデアを思いついた。1949年、ジョーンズは48歳のとき、4人の友だちから6万ドル集め、それを彼の4万ドルに追加して、初めての「ヘッジファンド」(と彼は呼んだ)を設立した。

　1952年、ジョーンズは新たな投資家を募り、その構造をゼネラルパートナーシップからリミテッドパートナーシップに変更した。また彼はマネジングパートナーとして自分自身に対して20％の成功報酬を与えた。航海に成功したらその利益の5分の1をもらったフェニキア商人に倣って、彼は利益配当の考え方をモデル化したのだ。空売り、レバレッジ、ほかの投資家とのパートナーシップによるリスクの分担、投資パフォーマンスに基づく補償システムを組み合わせた手法を使い、ジョーンズはヘッジファンドの基礎を築き上げた。

　ヘッジファンドが脚光を浴び始めたのは、フォーチュン誌がジョーンズの個人投資ファンドが5年にわたってほかの投資信託を2桁も上回るパフォーマンスを上げたことを特集した1966年のことだった。1965年までの10年間、ジョーンズは競合のおよそ2倍も稼いだ。フォーチュン誌の記事から2年後、ヘッジファンドはおよそ200に増加した。

　リターン(と成功報酬)を最大化するために、多くのファンドはジョーンズのロング・ショートのヘッジ戦略は無視したが、レバレッジだけは維持した。ヘッジファンドはコンラッド・トーマスの1970年代の本『ヘッジマンシップ——ハウ・トゥー・メイク・マネー・イン・ベア・マーケット・ブル・マーケット・アンド・チキン・マーケット・ホワイル・コンファウンディング・プロフェッショナル・マネー・マネジャー・アンド・アトラクティング・ア・ベター・クラス・オブ・ウィメン(Headmanship : How to Make Money in Bear

Markets, Bull Markets, and Chicken Markets While Confounding Professional Money Managers and Attracting a Better Class of Women)』（投資本としての最高のタイトル）からは徐々に逸脱していった。ヘッジの機能を外すことで大きな損失を招き、ベア相場ごとに多くのヘッジファンドが閉鎖した。そして、1973年から1974年にかけての大暴落では事実上ほとんどのヘッジファンドが廃業に追い込まれた。リサーチ会社、トレモント・パートナーズによれば、1984年に残っていたヘッジファンドはわずか84だった。

業界はしばらくの間、鳴りを潜めた。そして、1986年、インスティチューショナル・インベスター誌でロバートソンのタイガーファンドが2桁のリターンを上げたことが発表されると、投資家たちは再びヘッジファンドに群がり始めた。資産の2％の運用報酬と20％の成功報酬に誘われて、1990年代初期、有名なマネーマネジャーたちは集団で投資信託業界を捨て、名声と富を求めてヘッジファンドマネジャーに転身した。

ヘッジファンド業界は1998年のLTCMの崩壊と、それに続く2000年のロバートソンのタイガーファンドとクオンタムファンドの崩壊によって大打撃を受けた。2002年、有名なマネーマネジャーのマリオ・ガベリはヘッジファンドを「状況を知らない太った猫と不注意な金融機関を一文無しにする投機性の高いビークル」と呼んだ。

マネージド・フューチャーズはヘッジファンドの1つのカテゴリーにすぎず、ほかには18のカテゴリーがあり、そのほとんどはロングオンリーだ。まるで炎に吸い寄せられるガのように機関投資家はパフォーマンスを上げ、さらに広い分散化を求めてヘッジファンドへの投資を増やしていった。2011年末、世界のヘッジファンドへの投資の61％は機関投資家によるものだった。ヘッジファンドの資産は1990年の600億ドルから1999年には2000億ドルにまで増え、2014年の第1四半期には2.7兆ドルを記録した。

2013年12月現在のヘッジファンドのパフォーマンスを見てみると、ブルームバーグ・ヘッジ・ファンド・アグリゲート・インデックスは2007年7月のピークから1.8％下落していた。ヘッジファンドのパフォーマンスは60対40の株式・債券ポートフォリオに11年続けて負けていた。

平均的なヘッジファンドは1995年以降、S&P500インデックスにも負け続けていた。ヘッジをしているヘッジファンドでもこうなのだが、ヘッジファンドのほとんどはヘッジをしていない。1986年から2000年までの306のロングオンリーのヘッジファンドを調べたところ、ヘッジファンドには正のリスク調整済み超過リターンを生み出す能力がないことが分かった（グリフィンとスー［2009年］）。2000年からはヘッジファンドのアルファはマイナスのままだ。

複数のヘッジファンドに投資するファンド・オブ・ファンズ（FOF）も同じような状況だった。デワールほか（2011年）は1994年から2009年8月までのリッパーTASSのデータベースから1315のファンド・オブ・ファンズを調べてみた。リスクファクター調整後のリターンがヘッジファンドインデックスを上回っていたのはわずか5.6％のファンド・オブ・ファンズのみで、平均的なファンド・オブ・ファンズとランダムに選んだファンドとの差はほとんどなかった。

2012年に出版された本『ヘッジ・ファンド・ミラージュ（The Hedge Fund Mirage）』の著者、サイモン・ラックは、1998年から2010年までのバークレイズ・ヘッジのデータベースを使って、金額加重リターン（内部収益率のようなもの）を計算した。彼によれば、ヘッジファンドマネジャーは運用されている資産が大きいときにリターンに影響を及ぼすため、金額加重リターンのほうが通常の時間加重リターンよりも良い尺度になるという。金額加重リターンを使った場合、調査した12年にわたるHFRグローバル・ヘッジ・ファンド・インデックスのリターンは年間わずか2.1％だった。ファンド・オブ・ファ

ンズの手数料と事後的データ提供バイアス調整後の1998年から2010年までの投資家のリターンは、3080億ドルの損失とラックは試算した。これに対してヘッジファンド業界は手数料として3240億ドルを得た。ラックによれば、1998年以降、ヘッジファンドは投資家の利益の84％を取り、ファンド・オブ・ファンズは14％取り、投資家にはわずか2％しか還元されていない。「ヘッジファンドに投資された資金がＴビルに投じられていれば、運用成績は２倍良かっただろう」とラックは述べている。

ディーチェフとユー（2009年）は1980年から2008年までのヘッジファンドのドル加重リターンを使って同じような調査を行った。この調査によれば、ヘッジファンドのドル加重リターンはバイ・アンド・ホールドよりも３～７％低かった。また彼らはリスクのファクターモデルを使った調査も行い、ヘッジファンドの実質アルファはゼロに近いという結論に達した。絶対ベースでは、ヘッジファンドの加重リターンはS&P500インデックスよりもはるかに低かった。

ヘッジファンドはリターンが低いだけでなく、高いレバレッジ、透明性の欠如、流動性の低さによりリスクが高かった。ヘッジファンドの不正と破産のデータベースを持つキャッスル・ホール・オールタナティブズは、この10年のヘッジファンドの不正と破産は300を上回ると報告している。平均的なヘッジファンドの寿命はおよそ５年だ。2010年現在存在する推定7200のヘッジファンドのうち、2011年に閉鎖・破産したものは775、2012年は873、2013年は914だった。この３年で、全ファンドの３分の１が閉鎖し、新しいファンドに取って代わられた。

ヘッジファンドの分散化効果も薄らいだ。ドイツ銀行によれば、ヘッジファンドとS&P500の平均相関（４年ローリング期間の月次リターンに基づく）は1990年代半ばには0.50を下回っていたが、今では0.80を上回る。2008年には18のヘッジファンド戦略のうち14は、異な

る市場における異なる戦略であったにもかかわらず、最悪のドローダウンを記録した。

　年間運用報酬が２％で成功報酬が20％という構造によって、ヘッジファンドは資産クラスというよりも報酬面で際立っている。トップ25のヘッジファンドマネジャーを合わせた報酬は、S&P500の500人のCEOを合わせた報酬よりも高い。ヘッジファンドマネジャーは超過リターンを独り占めし、投資家にはほとんど還元していないからだ。ウォーレン・バフェットによれば、「賢明な人の多くはヘッジファンドの運用にかかわっているが、彼らは自己中立的で、彼らのIQは投資家に負わすコストを上回ることはない。投資家は低コストのインデックスファンドに投資すべきだ」。

プライベートエクイティ

　プライベートエクイティには長期的な流動性の低い投資戦略が含まれている。プライベートエクイティは1980年代以降、レバレッジド・バイアウトのブランド再構築戦略として始まった。プライベートエクイティには、ベンチャーキャピタル、バイアウト投資、企業再生投資、ディストレス投資などのタイプがある。2012年のプライベートエクイティの運用資産は、ヘッジファンドとほぼ同等のおよそ２兆ドルだった。

　バイアウトファンドはS&P500よりもリスクは高いが、超過リターンも高い。しかし、ヒグソンとスタックル（2012年）によれば、2008年までの28年にわたって、絶対リターンは下降傾向にある。バイアウトファンドの超過リターンは主としてこれらのファンドのトップ10％のパフォーマンスによってもたらされてきた。トップ10％のファンドにどのファンドが含まれるのかを事前に知ることは難しい。

　ベンチャーキャピタルファンドの過去40年にわたる年間リターンは

13.4％で、これに対してS&P500インデックスは12.4％、S&P小型成長株インデックスは14.4％だった。ベンチャーキャピタルファンドはボラティリティが高く、流動性は低いうえ、生き残りリスクもある。10年以上生き残ったベンチャーキャピタルファンドはわずか60％から75％しかない。ハリス、ジェンキンソン、カプラン（2013年）によれば、2000年以降、ベンチャーキャピタルファンドはその生存期間にわたって一般市場をおよそ5％アンダーパフォームしてきた。

2001年から2010年まで、プライベートエクイティファンドに投資した米国年金ファンドの手数料差引後のリターンは平均で4.5％だった。彼らがプライベートエクイティに毎年支払う手数料は、4％の運用報酬と20％の成功報酬である。これは総投資パフォーマンスのおよそ70％に相当する。プライベートエクイティファンドは、売却禁止（ロックアップ）期間を5年から7年設けているところが多い。また、評価が不正確という批判もある。

プライベートエクイティは手数料が高く、非流動的で、パフォーマンスに波があるが、エール大学の寄付基金の資産配分の大きな比率を占めている。寄付基金は一般にプライベートエクイティやヘッジファンドの最大の顧客だが、プライベートエクイティファンドやヘッジファンドは、優れたデュー・デリジェンス能力を持つ機関投資家に任せておくのが最もよいと思う。寄付基金もこうした代替投資への投資水準を考え直したいと思うときがある。バーバーとワン（2011年）は1991年から2011年までの20年間に及ぶ大学の寄付基金のパフォーマンスを調査した。平均的な寄付基金の場合、リターンの時系列変動のほぼすべては株式と債券のみをベンチマークとするファクターモデルによるもので、アルファはなかった。

アクティブ運用の投資信託

マネージド・フューチャーズ、ヘッジファンド、プライベートエクイティなど、運用報酬として2％、成功報酬として20％の年間手数料を課すファンドからは大した利益は望めないことが分かった。次は、手数料がこれほど高くないアクティブ運用ファンドに目を転じてみよう。

米国の5200万以上の家庭が投資信託に投資している。今では投資信託に投じられた資産は11.6兆ドルを超える。インベストメント・カンパニー・インスティチュート（ICI）によれば、国内の株式投信のインデックスファンドが占める割合が17.4％なのに対して、アクティブ運用の投資信託は82.6％を占めている。

1960年代以降のアクティブ運用の投資信託のパフォーマンスについては徹底した調査が行われた。1945年から1964年までの平均的なアクティブ運用の投資信託のパフォーマンスがバイ・アンド・ホールドよりも悪かったこと（ジェンセン［1968年］）によって、パッシブ運用が大きな注目を浴びるようになった。

初期の研究で問題となったのが生き残りバイアスだった。2012年までの過去10年で存在し続けているアクティブ運用の投資信託はわずか51％だった。生き残りバイアスを考慮した投資信託のパフォーマンスを初めて包括的に研究したのはマルキール（1995年）だった。その結果、1971年から1991年までの手数料差引前と後の株式投信のパフォーマンスはいずれもベンチマークポートフォリオを下回っていたことが分かった。

マルキールの後続研究としてファーマとフレンチ（2009年）は、1984年から2006年までの投資信託のデータを使って調査した結果、コストを賄えるほどのベンチマークを上回るリターンを上げたアクティブ運用のファンドはほとんどないことが判明した。パフォーマンスが

スキルによるものなのか、運によるものなのかを判別するのは難しかった。唯一予測可能だったのは、手数料の高いアクティブ運用のファンドは手数料の低いアクティブ運用のファンドをアンダーパフォームするということだけであり、どちらのファンドも手数料の最も低いインデックスファンドをアンダーパフォームしていた。

バラス、スカイレット、ウェルマーズ（2010年）も、1989年から2006年までの2076の米国の投資信託を調べた。データスヌーピング・バイアスを考慮した結果、アクティブリターンがコストを上回るスキルを持つマネジャーを抱えるファンドの数はほとんどゼロに近かったと結論づけた（彼らはデータスヌーピング・バイアスを調整するのに使われる偽発見率を計算する方法を開発した）。彼らはまた、スキルのあるマネジャーの比率は1989年の14.40％から2006年には0.60％に減少したことも発見した。彼らは、パフォーマンスのこの変化は、経費率の高いファンドで高い手数料を課すような、スキルを持たないマネジャーが増えたことによるものとしている。

モーニングスターによると、アクティブ運用の投資信託の平均年間経費率は1.41％で、パッシブ運用の投資信託は0.20％である。また、アクティブ運用の投資信託の平均的なポートフォリオ回転率は83％で、これによって年間取引コストは0.70％上乗せされる。これに加え、税制上の非効率性によってもコストは１％上乗せされる。モーニングスターは、負の税効果は考慮せず、生き残りバイアスを考慮した結果、2012年末の広範に分散投資された投資信託の80％以上が過去３年、５年、10年、15年にわたってベンチマークをアンダーパフォームしていたと報告している。

クレディ・スイスの報告によれば、2013年までの過去20年のS&P500インデックスの年間トータルリターンは9.3％だった。この間の平均的なアクティブ運用の投資信託は、経費率と取引コストの高さによって、S&Pより1.0％から1.5％低かった。投資家が得た平均的リ

ターンは、意思決定のタイミングが悪かったため、これよりもさらに1％から2％低かった。アクティブ運用の投資信託に投資した投資家の全体的なリターンは、過去20年にわたって市場リターンよりも60％から80％低かった（ディムソンほか［2014年］を参照）。バンガード・グループ（現在世界最大の投資信託会社）の創始者で元CEOのジョン・ボーグルは次のように言う――「市場リターンを大きく上回るファンドを希望に満ちて選ぶことは敗者のゲームだ。過去のパフォーマンスには実質的に将来の予測能力はないからだ」。

バンガードにはインタラクティブなウェブサイトがあり、アクティブ投信の経費率を入力すれば、経費率が0.25％のインデックスファンドに対し、6％の成長率であなたの資産がどれだけ増えるかを教えてくれる（https://personal.vanguard.com/us/insights/investingtruths/investing-truthy-about-cost を参照）。例えば、アクティブ投信の平均年間経費率が1.41％だとすると、50年後には低コストのインデックスファンドに投資した場合の利益の半分以下の利益しか得られないことが分かるはずだ。

ウォーレン・バフェットはかつて次のように言った。

> 機関投資家も個人投資家も、普通株を所有する最良の方法は、手数料が最低のインデックスファンドに投資することだ。インデックスファンドに投資した人の手数料と経費差引後のリターンは、プロの投資家の大部分のリターンを必ず上回る（ウォーレン・バフェットの1996年のバークシャー・ハサウェイの投資家向け年次会長レターを参照）。

ウォーレン・バフェットは自分自身のお金は彼の言葉どおりのところに投資している。バフェットのバークシャー・ハサウェイの株は彼の死後は慈善基金に寄付されることになっている。そして彼の相続人

のために、彼は資産管財人に、残りの資産の10％は短期国債に投資し、90％は低コストのS&P500インデックスファンドに投資するように指示している。

アクティブ運用の投資信託はパッシブ運用のインデックスファンドに比べると利点はないことを研究者たちはずっと言い続けてきた。1975年には存在しなかったパッシブインデックスファンドは投資ファンド市場のおよそ30％を占めるまでになった。しかし、アクティブファンドの運用資産は依然としてパッシブファンドの2倍以上に上る。

そのほかのアクティブ運用投資

投資信託よりもより多くのお金がアクティブに運用されている場所がある。ペンション・アンド・インベストメント誌によれば、トップ500のグローバルアセットマネジャーの運用資産は2011年は62兆ドルで、インベストメント・カンパニー・インスティチュートによれば、世界の投資信託の同年の運用資産は23.8兆ドルだった。投資信託以外のアクティブ運用投資のパフォーマンスについて、ブッセ、ゴヤル、ワハール（2010年）は、投資運用会社によって運用されている1991年から2008年までの4617の国内の株式運用商品を調査した。その結果によれば、これらのマネジャーのリスク調整済みリターンは統計的にゼロとほとんど変わらなかった。アクティブ投資の手数料はパッシブ運用の投資で得られる増加収益の100％だった。ユージン・ファーマの言葉を借りれば、「リスク調整済みベースで見ると、マネジャーたちが継続的にアウトパフォームしているかというと、この問題を研究したすべての経済学者が口をそろえてノーと言っている」。

投資信託にしろ、マネージドアカウントにしろ、アクティブ運用に対する追加コストを支払うだけの価値はほとんどない。アクティブマネジャーの全員が超過リターンを得るためにしのぎを削るとき、得ら

れる情報は同じなので、これはうなずける話だ。したがって、アクティブマネジャーが同業者に対して競争力を維持することは難しい。すべての買い手に対して、同じ情報を持つ売り手が存在し、どちらも正しい意思決定をしていると思っている。ベンジャミン・グレアムは何年も前にこの状況を次のように述べたが、これは的を射た見解だ――「株式市場は、機関投資家たちが互いの洗濯物を大量に受け入れる、大きな洗濯屋のようなものだ」（「A Conversation with Benjamin Graham」http://www.bylo.org/bgraham76.html を参照）。

個人によるファンド以外の投資

アクティブ運用の投資やアクティブ運用の投資信託がパッシブなインデックスファンドとそれほど違わないのであれば、個人投資家はお金をどこに投資したのだろうか。ボストンを拠点とする分析会社のダルバーが毎年発行している「投資家の行動の定量的分析」（2014年）によれば、米国の平均的な株式投資家は過去20年にわたって年次リターンとして5.02％を達成している。これはS&P500インデックスの平均年次リターン9.22％よりも4.2％低い。過去3年のブル相場では、米国の株式投資家の平均年次リターンは10.87％で、これはS&P500インデックスの年次リターン16.18％よりも5.31％低かった。

債券の平均的な投資家の年間リターンはわずか0.71％で、これは過去20年にわたるバークレイズ・US・アグリゲート・ボンド・インデックスのリターン5.74％よりも5.03％低かった。株式投資家も債券の投資家も過去1年、3年、5年、10年、20年にわたって市場をアンダーパフォームしたということになる。

このアンダーパフォーマンスは、市場に対する感情的な反応によってタイミングの悪い意思決定をしたことが主な原因であることは私たちはすでに承知だ。投資家は損失がかさんでから売り、市場が上昇し

ているときに売る傾向がある。個人投資家の行動を理解するためにほかの研究結果を見てみることにしよう。

　ゲッツマンとクマー（2008年）は1991年から1996年までの米国のディスカウント・ブローカーの6万人の個人投資家のデータを使って調査した。その調査結果によれば、投資家たちはあまり分散投資していなかったことが分かった。彼らはボラティリティの高いポートフォリオと、相関の高い株式を保有しているのである。ボラティリティの上昇によって、投資家のタイミングの悪い意思決定はより一層悪化する。

　同じデータを使ってクマー（2009年）は、投資家は価格が安く、ボラティリティや歪度の高い宝くじのような、パフォーマンスの低い株式を保有するのを好む傾向があることを発見した（歪度とはリターン分布の対称性のことを言う。正の歪度は正のリターンの分散が大きく、負の歪度は負のリターンの分散が大きいことを意味する）。クマーによれば、宝くじのような銘柄を宝くじではない銘柄に置き換えれば年間リターンは2.8％上昇するという。

　バーバーとオディーン（2000年）は、平均的な家庭が取得する株式純利益は、ベンチマークを経済的にも統計学的にも大幅に下回っていることを指摘する。個人投資家は1年間にポートフォリオの80％を入れ替える。第4章で見たように、投資家は自信過剰とディスポジション効果によってオーバートレードする傾向があり、それによって間違ったときに強欲になり恐怖を感じるのである。ウォーレン・バフェットはこれとまったく逆のことをやることを勧めている。つまり、他人が恐怖を感じているときは貪欲になり、他人が貪欲になったら恐怖を感じよ、ということである。

　ウェバーほか（2014年）は1999年から2011年までのヨーロッパのディスカウントブローカーのデータを使って調査した。それによれば、ヨーロッパの5000人の個人投資家のリスク調整済みリターンはややマイナスであったことが分かった。米国の個人投資家と同様、ヨーロッ

パの個人投資家も保有する銘柄はわずか2～3で、しかもこれらの銘柄は高い相関性を持つ。また、ヨーロッパの投資家は、価格が安く、特異な高いボラティリティや特異な高い歪度を持つ銘柄を好むという宝くじメンタリティーを持っていた。投資家からこうした行動を取り除くことで、平均的投資家の年間リターンは、分散化を促すことで4％、宝くじ銘柄を選ばないことで3％上昇するという。

個人投資家は情報面でも専門知識の面でも不利な立場にある。有名なヘッジファンドマネジャーのマイケル・スタインハートは、一般投資家が彼から学べる最も重要なことは何かと聞かれ、「私は彼らの競争相手だ」と答えた。

ウォーレン・バフェットは、「投資はシンプルだが、簡単ではない」と言う。個人投資家の特徴をまとめると次のようになる。

- 市場ボラティリティに過剰に反応する
- ボラティリティの高い宝くじのような銘柄を保有し、分散化はしない
- 自信過剰に陥り、オーバートレードする
- 情報面で不利

こうした傾向を考えると、一般投資家は、本書で示すような、規律あるルールを基にしたアプローチを使うのがベストということになる。

風に吹かれて

モメンタムがどんな資産クラスでもうまく機能することは研究から分かっている(アスネスほか[2013年]、モスコウィッツ、オオイ、ペダーセン[2012年]を参照)。しかし、私たちは資産の賢明な選択によってリターンを最大化することができる。リスクプレミアムはリ

ターンを倍増させる追い風であり、成功の続行を確実にするものである。過去200年にわたる実質リターンが6.7%の米国株は、モメンタムモデルの帆に強い風を送ってくれるものだ。実質リターンが3.8%の債券はそよ風のようなもので、リスクプレミアムがこれらの中間にある非米国株は絶えずそよ風を送ってくれる。これに対して、コモディティ、ヘッジファンド、プライベートエクイティ、アクティブ投資は渦巻きであり、横風であり、向かい風であり、私たちの前進を阻害するものにほかならない。

今日、分散化が過度に強調されているが、これは月並みなリターンと不必要な経費につながることが多い（年金ファンドの10%は代替資産に投資されているが、支払った全手数料の40%のリターンしか得られない）。きちんと区別しなければ、分散化は「最悪化」になりかねない。このあとの章で見ていくが、投資を成功に導くものは、デュアルモメンタムによって適切に選ばれた低コストの株式インデックスファンドと債券インデックスファンドのみであることが分かってくるはずだ。メイ・ウエストはかつて次のように言った──「良い物はどんなにあっても、ありすぎるということはない」。

第6章　スマートベータと都市伝説
Smart Beta and Other Urban Legends

> 「物事は見た目とは異なる。スキムミルクはクリームのように見えるが、クリームではない」——ギルバート＆サリバン

　デュアルモメンタムを用いるとき、なぜ株式と、ちょっと程度は下がるが、債券に集中しなければならないのかは、これまでの話で理解してくれたものと思う（まだよく理解していない人は、第5章を読み直してもらいたい）。そこで質問なのだが、従来の時価総額加重インデックス以外に株式に投資するもっと良い方法はないのだろうか。

　従来の株価指数の時価総額加重を使わないルールベースの戦略を表す言葉がスマートベータである。ラッセル・インベストメンツによると、スマートベータとは、「マーケットセグメント、ファクター、概念に対するイクスポージャーを提供してくれる透明なルールベースの戦略」のことを言う。スマートベータは、ボラティリティや配当、マーケットリスクファクターといった測度に基づく別の加重方法を使うことで、リスクとリターンのより良いトレードオフを図ろうとするものだ。時価総額加重のよく知られる代替品のなかには、2005年にスマートベータの世界の権威であるリサーチ・アフィリエーツが開発したファンダメンタル加重インデックスがある。これは投資配分を売上高、キャッシュフロー、株主資本、配当金で決めるインデックスだ。ディメンショナル・ファンド・アドバイザーズは同時期、同じようなファンダメンタルに基づく加重ファクターによるコアエクイティ戦略を開発した。スマートベータには、時価総額加重の代わりに均等加重を使

ったファンドもある。

　2007年から2008年にかけての世界的な金融危機によって分散化とリスクコントロールに対する関心が高まったが、これはスマートベータ戦略への弾みづけにもなった。近年、スマートベータに対する関心は飛躍的に上昇している。ステート・ストリート・アドバイザーズによれば、スマートベータETF（上場投信）は2013年には460億ドルの資金を集めたが、その前の３年にわたっては800億ドルを超えていた。ブルームバーグの報告によれば、2014年２月現在、スマートベータでは1560億ドルの資産が運用されている。

　スマートベータはETFの分野では最も急成長し、2013年の成長率（トップ６社の運用会社の運用資産）は43％に上っている。米国の株式ETFの10（アクティブ運用、レバレッジ、インバースを除く）のうち４つはスマートベータファンドだ。機関投資家の2013年のスマートベータ戦略への資産配分は前年の３倍にまで増加した。2014年１月に発表されたコージェント・リサーチ社の報告によれば、機関投資家の４人に１人がスマートベータETFを使い、スマートベータETFを使っていない機関投資家のおよそ半分は、３年以内にはスマートベータETFを使いたいと言っている。

　スマートベータの第一の問題点は、一角獣と同じく、そういったものが存在しないことだ。ベータはポートフォリオの市場の動きに対する感応度にすぎず、それを使っている人はスマートだったりバカだったりするものの、それ自体はスマートでもバカでもない。スマートベータという表現は、スマート相関、スマート標準偏差、スマート・ジャスティン・ビーバーほどの意味しかない。モーニングスターはスマートベータを「戦略的ベータ」という言葉に置き換えた（ブラックロック［ｉシェアーズのオーナー］やJPモルガン・チェースも「戦略的ベータ」という言い方に変えている）。

スマートベータの性質

アメンク、ゴルツ、ル・スールド（2009年）とペロルド（2007年）は、ファンダメンタル・インデックス（スマートベータの一種）は実際には、必ずしも時価総額加重よりも優れているとは言えないバリューティルト（銘柄のウエートを傾斜させることによって、より高い収益をめざす）を持つアクティブ運用戦略であると言っている。チャウほか（2011年）によれば、代替ベータ戦略が時価総額ベースのインデックスをアウトパフォームするのは、バリューファクターや小型ファクターへのイクスポージャーによるものである。

リサーチ・アフィリエーツは、こうしたインデックスのパフォーマンスのほとんどはバリュープレミアムによって説明がつくとしている。**図6.1**は、リサーチ・アフィリエーツがファンダメンタルを基に格付けした大手1000社に基づくパワーシェアーズFTSE RAFI US 1000（PRF）ETFと、PRFが立ち上げられた2005年終わりからのiシェアーズ・ラッセル中型株バリュー（IWS）ETFの価格チャートを示したものだ。PRFとIWSのパフォーマンスは、IWSが若干リードしているものの、非常に似通っている（モーニングスターによれば、サイズ、バリュー、モメンタム、クオリティーを含む複数ファクターを使ったときのPRFのアルファは負である）。年間経費率はIWSが0.25％であるのに対し、PRFは0.39％である。ファクターティルトを持つパッシブ運用EETのなかには年間経費率がわずか0.07％から0.12％のものもある。つまり、PRFに投資するスマートベータ投資家は伝統的な中型株バリューインデックスに非常によく似たインデックスの構築費として追加料金を払っているということになる。そのほかのスマートベータETFのパフォーマンスは、低コストバリューETFおよび小型株・中型株ETFのパフォーマンスとほぼ同じである。

均等加重インデックスを見てみると、S&P500インデックスの平均

図6.1　パワーシェアーズFTSE RAFI 1000とｉシェアーズ・ラッセル中型株バリュー

　時価総額はおよそ580億ドルで、S&P500均等加重インデックスの平均時価総額はわずか160億ドルである。なぜなら、S&P500均等加重インデックスには、大型株よりも小型株のほうが多く含まれているからだ。S&P均等加重ポートフォリオは均等ドル加重によって、投資されるドルの大部分はこうした小型株に投資されている。**図6.2**を見ると分かるように、グッゲンハイムS&P500均等加重（RSP）ETFのパフォーマンスは、RSPが開始された1999年以降のｉシェアーズ・ラッセル2000（IWM）小型株ETFのパフォーマンスに似通っている。IWMのパフォーマンスがRSPよりも良いのは、おそらくはIWMの年間経費率が0.20％であるのに対して、RSPは0.40％と少し高めで、ポートフォリオの回転率がIWMが19％であるのに対しRSPは37％だからだろう。

図6.2　グッゲンハイムS&P500均等加重とiシェアーズ・ラッセル2000

　図6.3はS&P500インデックス、S&P500均等加重インデックス、米国株式市場のリターンとリスクをプロットした資本市場線と、CRSP（証券価格調査センター）の十分位数を示したものだ。CRSP1-2は大型株、CRSP3-5は中型株、CRSP6-10は小型株を示している。横軸は年次リターンで、縦軸が年次標準偏差である。この**図6.3**を見ると、S&P500均等加重インデックスはリワード・リスク特性において中型株と小型株の間にあり、リスク水準に見合ったリワードを提供してくれていることが分かる。投資家はS&P500均等加重インデックスファンドに対するプレミアムを支払う代わりに、小型株から中型株のインデックスファンドを買えばよいわけである。
　さらに、均等加重ポートフォリオのウエートは目標水準から離れていくため、頻繁にリバランスする必要があり、そのため取引コストが

図6.3 S&PインデックスとCRSP十分位数のリターンとボラティリティ
（1990〜2012年）

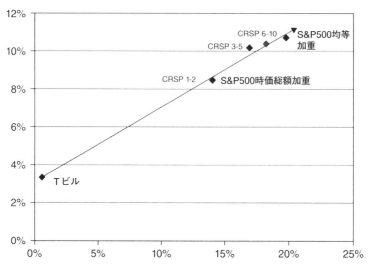

高くなる。頻繁なリバランスは最近の勝ちトレードを売り、最近の負けトレードを買うことにもなる。これはモメンタム効果に反する。

1970年代初期、パッシブ投資を最初に取り入れた人は均等加重ポートフォリオを選んだが、回転率とボラティリティが高く、流動性の低い銘柄に大量に投資しなければならなかったため、これを断念した。

低ボラティリティの最小分散ポートフォリオもまた回転率が高くコストがかさむ。スウ、カレシック、リー（2012年）は、1967年から2000年のデータで、既存の入手可能な商品を使ってスマートベータ戦略を複製した。彼らのポートフォリオの年間回転率は、S&P500インデックスが6.7％、ファンダメンタル・インデックスが14％、均等加重インデックスが22.9％、最小分散インデックスが49.2％だった。低ボラティリティの最小分散ポートフォリオはまたトラッキングエラー（ベンチマークとの乖離）も高い。これに対して、低ボラティリティの低ベータ戦略は学術テストでは裏づけが取れたが、ポートフォリオ

図6.4　パワーシェアーズS&P500ロー・ボラティリティとSPDRコンシューマー・ステープルズ・セレクト・セクター

の回転率が高く、トラッキングエラーも高いため、メリットの多くは相殺される。

　セクターが集中するのも低ボラティリティ戦略の問題点だ。S&P500ロー・ボラティリティ・インデックスは前の12カ月にボラティリティが低かったS&P500の100銘柄に投資する。セクター加重がないため、セクターの集中度が高くなり、そのためトラッキングエラーが高くなる。例えば、S&Pロー・ボラティリティ・インデックスの3つのセクターの集中度は62％で、4つのセクターの集中度は76％である。2つのセクターへの集中度が66％を超える時期もあった。**図6.4**は、S&Pロー・ボラティリティ・インデックスに基づくパワーシェアーズS&P500ロー・ボラティリティ（SPLV）のパフォーマンスが、低ボラティリティのSPDRコンシューマー・ステープルズ（XLP）セ

クターのパフォーマンスに似通っていることを示したものだ。

スマートベータの複製方法

低コストでファクターベースのスマートベータETFを複製するには、モーニングスターのホームページを開き、QuoteボックスにあなたのスマートベータETFのシンボルを入力し、Quoteをクリックする。次に、メニューからPortfolioタブをクリックすれば、そのETFに対する最も適切なベンチマークポートフォリオが表示される（http://morningstar.com を参照）。次に、そのベンチマークに相当する適切なETFを検索する。Fees & Expensesタブをクリックすれば、ポートフォリオの回転率や年間経費率を見ることができる。

パワーシェアーズDWAモメンタム・ポートフォリオ（PDP）を例にとって見てみよう。これはドーシー・ライト＆アソシエーツが運用するパワーシェアーズDWAモメンタム・ポートフォリオだ。このファンドはレラティブストレングス・モメンタムを個別銘柄に適用している。モーニングスターによれば、このポートフォリオの適切なベンチマークはラッセル・ミッドキャップ・グロース・インデックスだ。

図6.5を見ると分かるように、PDPのパフォーマンスは、ｉシェアーズ・ラッセル・ミッドキャップ・グロース（IWP）のパフォーマンスに似通っている。IWPは年間経費率が0.25％と低いが、PDPは0.67％で、IWPのポートフォリオ回転率は25％で、PDPは66％だ。

スマートベータのもっと賢い使い方

ウィリアム・シャープとユージーン・ファーマはスマートベータ（ファンダメンタル・インデックス）をマーケティング戦略と呼んだ（2014年5月に開催されたCFAインスティチュート年次総会で、ノーベル

図6.5　パワーシェアーズDWAモメンタム・ポートフォリオとiシェアーズ・ラッセル中型成長株

賞を受賞したウィリアム・シャープは、「スマートベータという言葉を聞くと、気分が悪くなる……スマートベータが将来的に機能するとは思えない」と言った)。バンガード・グループの元最高投資責任者のジョージ・"ガス"・ソーターは、「いわゆるスマートベータは本質的にはアルファには寄与しない。コストのかかる方法でファクターイクスポージャーを生みだしているにすぎない」と言った。

　もっと安いコストで複製できるのに、わざわざスマートベータを使う必要などあるのだろうか。おそらくはない、と言う以外にないだろう。ファクターティルトやセクターの集中以外のことを提供してくれる戦略はいくつかある。例えば、配当評価、インサイダーセンチメント、スピンオフ、買い戻し、ハイクオリティーなどだ。スマートベータ戦略はパッシブ戦略に比べるとコストは高いが、日々の意思決定が

少ない分、アクティブ戦略に比べるとコストは安い。スマートベータを取り入れたいもう1つの理由は、パッシブな時価総額加重インデックスは完全には効率的ではないことが挙げられる（ホーゲンとベイカー［1991年］を参照）。また、パッシブな時価総額加重インデックスは、価格にノイズが多く（予測できない再現性のないパターン）、入手可能なすべての情報を反映していないことを考えれば、最適とは言えない。

スマートベータ戦略を考えるとき留意しなければならないのは、バックテストの履歴が15年と短く、その効果がまだ証明されていないということである。ウェイバックマシンは過去のデータを見ることができるので便利かもしれないが、私たちが欲しいのはそれ以上のデータだ。わずか15年分のデータに基づいて結果を推定するのはとても危険だ。

過去のデータに基づいて新たなスマートベータ・インデックスを構築するのは無駄なことだ。バンガード・グループのディックソン、パドマウォー、ハマー（2012年）は「Joined at the Hip : ETF and Index Development」という研究報告を発表した。その報告書によれば、新しい平均的なインデックスファンドは、立ち上げる前の5年間においては米国株式市場を年間で10.3％アウトパフォームしていたが、立ち上げてからの5年間のパフォーマンスは米国株式市場を1.0％下回っていた。「一般にインデックスが誕生したあとでバックテスト結果に一致するものはない。それはおそらくは、ベンチマークには魅力的な過去のデータに基づく新しい商品が選ばれることが多いからだろう」と彼らは結論づけている。

私はデュアルモメンタム・ポートフォリオを構築するとき、非伝統的なスマートベータ戦略が時価総額加重インデックスの代替として使えるものかどうか、そしてコストの高いファクターベースの隠れインデックスファンド以上の価値があるかどうかを調べるのに次の判断基

準を使う。

1. そのアプローチは論理的か。その戦略の根拠をなす、信用性を証明するような概念はあるか。その戦略は市場を上回るリスク調整済みリターンを提供し続けることはできるのか。
2. そのアプローチは厳しいバックテストに耐え得るものか。複数市場や複数期間で一貫して堅牢な結果を示すか。
3. アノマリーは、トレード活動が増えることで時間とともに収益率が減少するという形で現れることが多い（コルディア、サブラマニャム、トン［2013年］、マクレーンとポンティフ［2013年］を参照）。そのアプローチの取引コストと経費率は総利益の減少に耐えられるだけ十分に低いか。
4. その戦略のボラティリティは許容範囲内にあるか。市場は高いボラティリティを埋め合わせることができないこともある。高いボラティリティは高いトラッキングエラーの要因になることもある。
5. その戦略の投資ビークルには適度な流動性があるか。

　適切な戦略が見つかったら、定期的に見直す必要がある。今はうまくいっていても、1年先、2年先もうまくいくとは限らない。こうした複雑さや不確実性を考えると、投資家としては伝統的な時価総額加重インデックスを使ったほうがよい場合もある。これに関して、リサーチ・アフィリエーツのウエストとラーソン（2014年）は次のように書いている――「スマートベータは時価総額インデックスよりもパフォーマンスは2％高い。超過リターンを生みだしているのはリバランスであって、加重方式ではない」。ブースとファーマ（1992年）は、平均回帰リバランスによる利益はベンチマークポートフォリオよりも年間で2％高い利益を生みだすことを示した。したがって、スマートベータ投資家たちは株式・債券ポートフォリオやセクターポートフォ

リオのリバランスを行えば同じような増加利益が得られるということである。

サイズは本当に価値があるのか

スマートベータ戦略の多くはサイズプレミアムやバリュープレミアムを狙うものなので、サイズプレミアムやバリュープレミアムがどれくらい有益かを見ておくことにしよう。多くの研究者（イスラエルとモスコウィッツ［2013年］、ファーマとフレンチ［2008年］、シュワート［2002年］など）によれば、小型株プレミアムは少なくとも1980年代以降は大幅に減少した。シャムウェーとウォーザー（1997年）は、小型株アノマリーは、研究者が上場廃止になった銘柄（主に小型株）の欠測データを扱うときの過ちによるものであると結論づけた。今でも存在するサイズ効果は、流動性が低く、トレードが難しい超小型株によってもたらされている。これからすれば、小型株プレミアムは流動性リスクを補償するのに有効に使えるかもしれない。

しかし、小型株に便乗するファンドが増えたため、昔に比べると小型株の流動性は高くなった。1981年にディメンショナル・ファンド・アドバイザーズ（DFA）が初めて作った株式ファンドは小型株ファンドだった。DFAが小型株ファンドを作ったのは、ロルフ・バンズがシカゴ大学の博士論文に基づく論文で、1936年から1975年にかけて小型株プレミアムが存在したことを発表してからすぐのことだった。DFAはこのアノマリーを利用してそのあともいくつかの小型株ファンドを作った。これがきっかけになって小型株ファンドは増えていった。

1980年代初期から小型株プレミアムが統計学的に有意でなくなったのは、小型株に参加する人々が増えたことで説明することができる。例えば、1978年12月から2013年にかけて、ラッセル2000インデックス

の年次リターン（12.1％）は大型株のラッセル1000やS&P500インデックス（12.0％）とほぼ同じだった。1990年7月から2013年にかけては、ヨーロッパやアジアでは小型株は大型株をアンダーパフォームした。

小型株はパフォーマンスが不安定で、1950年代や1980年代は大型株をアンダーパフォームした。イスラエルとモスコウィッツ（2013年）のサイズプレミアムに関する最新の分析では、1926年7月から2011年12月までの86年分の米国株データを使って調査したところ、小型株プレミアムは、全期間においても、4つの20年期間のどの期間においても有意性はなかった。小型株はもはや、流動性の低い超小型株を除いて、大きなリスク調整済み利益は提供してはくれない。しかし、超小型株はコストが高く、トレードが難しいため、ほとんどの投資家、特に機関投資家は、超小型株は避ける傾向がある。小型株を大型株ポートフォリオに加えればある程度の分散化はできるかもしれないが、ボラティリティは上昇するうえ、異常リターンは期待できない。

バリューは本当に価値があるのか

1992年にファーマとフレンチが画期的な論文「The Cross-Section of Expected Stock Returns」を発表してから、投資家たちはバリュープレミアムは存在し、バリュー志向の投資家にとってはエッジを提供してくれるものと信じてきた。今ではバリュー株に偏った何千とはいわないまでも何百という投資プログラムやファンドが存在する。

イスラエルとモスコウィッツ（2013年）の論文は、バリュープレミアム問題とサイズプレミアム問題について徹底的に議論している。彼らが議論の論拠としたのは、標準的なPBR（株価純資産倍率）と、それに似たバリュープレミアムのシンプルなインディケーターだった。グレイとカーリスル（2013年）によるより高度なバリュー重視のアプローチの結果はイスラエルとモスコウィッツのものとは異なる。

イスラエルとモスコウィッツは、最も一般的なバリューインディケーターであるPBRを使って、バリュープレミアムは五分位で見て、第一分位と第二分位では有意ではないことを発見した。株式の第一と第二の五分位数はNYSE（ニューヨーク証券取引所）の最大銘柄の40%に相当し、機関投資家が彼らのポートフォリオに含めるような大型株である。

　有意なバリュープレミアムを示したのは最もサイズの小さい小型株のみである。下から第一と第二の五分位数には、小型株のラッセル2000インデックスに含まれる銘柄よりももっと小さな銘柄が含まれる。1927年から2011年までの4つのサブ期間の3つにおいては、大型株には信頼できるバリュープレミアムはなかった。第一分位と第二分位に大きなバリュープレミアムが存在したのは1970年から1989年の期間においてのみだった。

　バリュー投資の推進役となり、バリュー重視のファンドとポートフォリオの弾みづけにもなった1992年と1993年のファーマとフレンチの研究は、1963年から1991年までの期間を対象にしたものだ。1963年から1991年までの28年間はバリュー株が大きなリターンを生みだした期間でもある。モメンタムがほぼあらゆる種類の株で機能し、1801年から機能していたという事実は、デュアルモメンタム投資家に安心感を持たせるに十分である。

　ファーマとフレンチの論文が発表されて間もなく、コタリ、シャンケン、スローン（1995年）が独自の研究を行い、ファーマとフレンチの研究結果はサンプル選択バイアスを含むものであることを指摘した。コタリらが使ったのは別のデータで、彼らはPBRと平均リターンの間には有意な関係はないと結論づけた。名高いファーマとフレンチの研究結果と対立する結果を出したコタリらの研究は、当時も今もあまり注目されることはない。

　ジョン・メイナード・ケインズはかつて次のように言ったと伝えら

れている――「事実が変わるとき、私の心も変わる。あなたの心は何で変わるのだろうか」。残念ながら、確証バイアスや保守性バイアスやアンカリングバイアスに影響されない人はほとんどいない。効率的市場仮説が信用をなくしたときのように、学術界やプロの投資コミュニティーがバリュープレミアムの存在を再評価するにはかなりの時間がかかるに違いない。ファーマとフレンチ（2014年）は新しい論文「A Five-Factor Asset Pricing Model」を発表した。これは収益性（利益を簿価で割ったもの）と投資強度（総資産の年間成長率）の組み合わせは、リスクファクターとしてバリューと置き換えることができることを説いたものだ（ウォーレン・バフェットが好んできたのは、資本必要額が少なく利益の大きな会社である。これはファーマとフレンチのこの新しいモデルの考え方に一致する）。

　バリューは異常リターンを生みだす要因になるかどうかははっきりとは言えないが、モメンタムが市場アノマリーのキングであることだけは確かだ。一方、スマートベータの支持者は、投資戦略を選ぶにあたって、小型株バイアスやバリューバイアス以外のものを見つけだせるかもしれない。

モメンタムは本当に価値があるのか

　イスラエルとモスコウィッツ（2013年）は、12カ月のルックバック期間（最後の月は除く）を使った分析では、クロスセクション株式モメンタムも含めた。彼らは、モメンタムプレミアムは存在し、しかもすべてのサイズグループで安定していることを発見した。20年ごとのサブ期間のいずれでも、モメンタム効果は正で、統計学的に有意であることも分かった。最も直近の20年においても、その効果は減じていなかった。取引コスト差引前のアルファは、4つのサブ期間にわたって年間8.9％から10.3％だった。

イスラエルとモスコウィッツによれば、ロングオンリーのモメンタムの累積超過リターンは年間平均で13.6％で、標準偏差は21.8、シャープレシオは0.62だった。これに対して、バリューの超過リターンは平均で12.4％、標準偏差は26.5、シャープレシオは0.47だった。また、小型株超過リターンは平均で11.5％、標準偏差は26.3、シャープレシオは0.44だった（ベータはモメンタムが1.08、バリューが1.27、サイズが1.26だった。余剰ボラティリティはモメンタムが7.60、バリューが11.05、サイズが11.30だった。年間インフォメーションレシオはモメンタムが0.73、バリューが0.26、サイズが0.19だった）。ファーマとフレンチ（2008年）によれば、モメンタムは「最大のアノマリー」というだけではなく、唯一の真の持続するアノマリーかもしれない。

第7章　リスクの測定と制御
Measuring and Managing Risk

> 「これは離婚より悪いかもしれない。お金を半分失ったうえ、妻がいるのだから」——匿名

　2013年までの過去30年にわたって、S&P500の年間トータルリターンは11.1％で、平均的な株式投資信託の投資家のリターンはわずか3.69％だった（ダラー社の「2014 Quantitative Analysis of Investor Behavior」を参照）。このアンダーパフォーマンスのうちの1.4％は投資信託のコストによるもので、残りの6％は投資家のタイミングの悪い意思決定によるものである。これはかなりの量のアンダーパフォーマンスだ。債券ファンドの投資家もタイミングの悪い意思決定によって大きくアンダーパフォームした。パッシブ運用インデックスファンドの投資もまた問題のある行動によってアンダーパフォームした。バンガードS&P500インデックスファンドの15年にわたる平均年次リターンは4.59％で、そのファンドの投資家の年次リターンはわずか2.68％だった。

　投資家たちは、ジョン・メイナード・ケインズが言うところの「アニマルスピリット」によって、高値近くで買い、底近くで売る強い傾向がある。アニマルスピリットを、恐怖と貪欲と呼ぶ人もいる。ボラティリティが高まるほど、これは顕著に現れる。

　CGMフォーカス（CGMFX）は2000年から2010年にかけて最もリターンの高い株式ファンドだった。モーニングスターによれば、平均年次リターンは18.2％で、2位を3.4％も引き離した。しかし同時期、

そのファンドの株主は10％の損失を被った。欲と恐怖に駆られた投資家は、天井で大きく買い増しし、底で売ったからだ。ファンドが80％以上上昇した2007年には26億ドルがファンドに集まった。48％下落した2008年、投資家は7億5000万ドル以上も解約した。これは投資家たちの行動バイアスによる問題が何なのかを示す良い例である。ポゴは次のように言った――「敵が現れた。その敵は私たち自身だった」。私たちに必要なのは、最悪のタイミングで売ってしまう感情的な反応を引き起こさないような適度な水準のボラティリティを含むアプローチである。

ダニエル・カーネマン（2011年）は次のように指摘する――「個人投資家の多くはトレードでは一貫して負ける。これにはダーツ投げをするサルさえもかなわない」。「アニマルスピリット」の影響を低減し、一貫した結果を生みだすのに役立つのが、規律ある定量的アプローチなのである。

レラティブストレングス・モメンタムについては第2章で理解してくれたものと思う。レラティブストレングス・モメンタムは投資家に規律ある枠組みを与えてくれるものだ。とは言え、大きな損失を被ると、過剰に反応して、バカなことをしてしまうのが投資家だ。レラティブストレングスはダウンサイドイクスポージャーの低減には役立たないため、これはレラティブストレングスを使うときの問題点である。相対モメンタムはむしろ下方リスクを増大させるときもあるからだ。この問題を解決してくれるのが絶対モメンタムだ。先に進む前に絶対モメンタムをしっかり理解しておこう。

絶対モメンタム

レラティブストレングスは資産をほかの資産と比較して、将来的なパフォーマンスを予測する。学術研究では、レラティブストレングス

はクロスセクション・モメンタムと呼ばれることも多い。クロスセクション・モメンタムは、個々の資産を均等なセグメントに分け、最も強いセグメント（勝者）のパフォーマンスを最も弱いセグメント（敗者）のパフォーマンスと比較する。「勝者」を買って、「敗者」を売ることを同時に行い、マーケットニュートラルベースで検証されることが多い。

　しかし、モメンタムは絶対ベース、つまり縦断的ベースでもうまく機能する。絶対モメンタムは、資産をその資産自身の過去と比較して未来を予測する。モスコウィッツ、オオイ、ペダーセン（2012年）はこれを時系列モメンタムと呼んだ。統計学では、縦断的という言葉はクロスセクション（横断的）データ分析に対応する言葉として使われる。時系列（価格）はこのモメンタムだけでなく、すべてのモメンタムの基礎になるため、時系列モメンタムよりも縦断的モメンタムのほうが適切な言葉かもしれない。

　私は絶対モメンタムという言葉を好んで使う。なぜなら、実践家は相対リターンや絶対リターンという言葉に慣れているからだ。相対リターンが、ほかの資産やベンチマークに対する相対的なリターンを測定したものであるのに対し、絶対リターンはその資産そのもののリターンを測定したものだ。しかし、相対モメンタムも絶対モメンタムも考え方は同じだ。

　絶対モメンタムでは、任意のルックバック期間における資産の超過リターン（Tビルのリターンを差し引いたリターン）を求める。超過リターンがゼロを上回っていれば、その資産は正の絶対モメンタムを持ち、ゼロを下回っていれば負の絶対モメンタムを持つという。絶対モメンタムは、Tビルとの比較であれば、相対モメンタムとほぼ同じになる。簡単に言えば、絶対モメンタムとは、ルックバック期間においてその資産が上昇したか、下落したかを見るものである。上昇していれば、絶対モメンタムは正で、下落していれば、絶対モメンタムは

負である。絶対モメンタムはリターンの継続する系列相関に賭けるものであり、カウボーイ用語で言えば、「馬は今進んでいる方向に乗るほうが楽」ということである。

資産がそのほかの資産よりも強ければ、その資産の相対モメンタムは正で、下落トレンドにあれば絶対モメンタムは負ということになる。また、上昇トレンドにあるときは絶対モメンタムは正で、別の資産が上昇していれば相対モメンタムは負ということになる。

絶対モメンタムの特徴

有名なトレンドフォロートレーダーのエド・スィコータは次のように言っている。

> 生ある者はすべてトレンドに従っているんだ。鳥は冬に備えて南に旅立ち、それをずっと続ける。会社はトレンドを追いかけ、それに従って製品の品揃えを変えていく。小さな原生動物は化学作用と発光の変化に従ったトレンドで活動する（http://www.curatedalpha.com/2011/curated-interview-with-ed-seykota-from-market-wizards/ を参照）。

絶対モメンタムは本質的にはトレンドフォローだ（証券の将来の超過リターンと過去の超過リターンの間には有意な正の自己相関が存在する）。トレンドフォローの目標は、ウォーレン・バフェットの第一のルールである、お金を失うな、である。彼の第二のルールは、最初のルールを忘れるな、である。ジェラルド・ツァイのような過去の有名な自己裁量的モメンタム投資家は、市場の方向の変化を見極められなかったために、たちまちのうちにヒーローの座から転げ落ち、破産した。今日のようにボラティリティの高い投資環境では、アクティブ

な投資家は自分を保護しながら、安全な投資を行うべきである。

　トレンドフォロー手法は学術界では認識されるのが遅かった。しかし、多くの（すべてではないが）学者にとって、トレンドフォローはもはや「ブードゥー（魔術的な）経済学」ではなくなった（ローとマッキンレー［1988年］のテクニカルトレーディングルールについての論文は、研究内容はしっかりしたものであったにもかかわらず、認められるまでに2年かかった）。のちにトレンドフォロー手法とテクニカル分析シグナルを使った研究者たちの多くは、トレンドフォローには収益性もあり、予測力もあることを発見した（ブロック、ラコニショック、ル・バロン［1992年］、ローとマッキンレー［1999年］、ロー、ママイスキー、ワン［2000年］、シュウとチョウ［2009年］、ハン、ヤン、チョウ［2011年］、ハンとチョウ［2013年］を参照）。レンペリエールほか（2014年）は最近の論文「Two Centuries of Trend Following」で、7カ国の4つの資産クラス（株価指数、コモディティ、通貨、債券）に適用した指数加重移動平均戦略によって非常に有意な超過リターンが得られたことを発表した。結果は時間的にも資産クラス間でも安定していた。株価指数とコモディティは1800年からのデータを使った。

　ある意味ではすべてのモメンタムはトレンドフォローである。相対モメンタムはある資産のほかの資産に対するトレンドを見、絶対モメンタムはある資産のその資産の過去に対するトレンドを見る。いずれのモメンタムも基本的には同じで、持続すると思われる価格の強さを見つけだすことを目的とする。

　過去20年にわたって研究者たちは相対モメンタムについては徹底的に調べてきたが、絶対モメンタムが研究対象になったのはごく最近のことだ。絶対モメンタムが相対モメンタムよりも良い結果を提供してくれ、優れた柔軟性を持っていることを考えると、これは残念なことだ。絶対モメンタムを使うには1つの資産だけあればよいが、相対モ

メンタムを使うには2つ以上の資産が必要だ。また、相対モメンタムでは、最も強い資産を使うためにポートフォリオからは資産のいくつかは取り除かなければならない。でも、絶対モメンタムは、その資産のトレンドが正であるかぎり、すべての資産を保有することができる。したがって、絶対モメンタムのほうが相対モメンタムよりも分散化効果に優れている。これはひいてはポートフォリオの短期的なボラティリティの低減につながる。しかし、絶対モメンタムの最大の利点は、ベア相場で早めにポジションを手仕舞うことで、ポートフォリオの下方リスクを劇的に低減できることだ。偉大なトレーダー、ポール・チューダー・ジョーンズは「トレーディングで最も重要なルールは、オフェンスよりもディフェンスを強化することだ」(シュワッガー[2012年]を参照)と言ったが、絶対モメンタムはまさにこの格言を地で行くようなものだ。

　2010年、私はリスクの高い資産のリターンを、短期および中期の債券のリターンと比較することで、絶対モメンタムの調査を始めた(2011年のワグナー賞の2位に輝いたアントナッチ[2011年]を参照)。短期債券は、株式が下降トレンドにあるときは株式よりも強いのが普通だ。こういった時期に株式よりも債券を選ぶことは絶対モメンタムの1つの使い方だ。

　絶対モメンタムに弾みがついたのは、2012年にモスコウィッツほかの論文が発表されてからである。発表された研究結果によれば、絶対モメンタムの利益は、「異なる資産間、異なる市場間で極めて安定していた」。保有期間を1カ月としたとき、1カ月から48カ月のルックバック期間のなかで統計学的に最も有意なのは12カ月であることを彼らは発見した。また、絶対モメンタムの利益は調査した58資産のすべてで正だった。また、すべての市場において、絶対モメンタムの年次シャープレシオは1を上回り、同じ市場でモメンタムを使わない場合のシャープレシオのおよそ2.5倍だった。各資産クラスでパッシブベ

ンチマークに対する相関は非常に低く、標準的な資産価格付けファクターに対する相関も低かった。リターンは、株式市場のリターンが極端なときに最大だった。これは絶対モメンタムが極端なイベントに対するヘッジとして機能することを示しているだけでなく、ポートフォリオの下方リスクを減らそうとするコストの高いヘッジプログラムに対する低コストの代替としても機能することを示している。

　ハースト、オオイ、ペダーセン（2012年）によれば、絶対モメンタムは相対モメンタムと同じくらい堅牢で万能だ。絶対モメンタムは4つの資産クラス（コモディティ、株価指数、債券、通貨ペア）の59の市場において極端な市場環境のときに高いパフォーマンスを上げることを彼らは発見した。また、絶対モメンタムは1903年からずっと利益を出し続けていることも示した。推定取引コストと推定ヘッジファンド手数料（2％の運用報酬と20％の成功報酬）を差引後の絶対モメンタムのシャープレシオは1で、モスコウィッツほか（2012年）の研究に一致した。絶対モメンタムのS&P500と米10年物債に対する月次相関は、1903年から2011年までの全期間でマイナス0.05だった。

　2012年、私はワグナー賞の1位に輝いた。ワグナー賞は、National Association of Active Investment Managers（NAAIM）がアクティブ投資運用の発展に対して年1回授与する賞だ。私が提出した論文のタイトルは「Risk Premia Harvesting Through Dual Momentum」だった。デュアルモメンタムの半分は絶対モメンタムだ。私はこの論文で、絶対モメンタムの長期的結果は相対モメンタムよりも良いことを示した。絶対モメンタムは高い期待リターンを与えてくれるだけでなく、相対モメンタムとは違って、ベア相場における下方リスクを大幅に減らしてくれる。

　2013年、私は「Absolute Momentum：A Universal Trend-Following Overlay」という論文を書いた。これは、絶対モメンタムがいろいろなシナリオの下で、単一の戦略としてだけではなく、トレ

ンドフォロー・オーバーレイとしても役立つことを述べたものだ。ルックバック期間も調べてみたが、絶対モメンタムでは12カ月のルックバック期間が一番機能することが分かった。さらに、債券へのイクスポージャーとレバレッジを減らすことで、絶対モメンタムはリスクパリティ・ポートフォリオを改善できることも示した。

低ボラティリティ・ポートフォリオは最近人気が出てきた。これは市場インデックスに対して過去のパフォーマンスが良いためだ。こうしたポートフォリオの相対パフォーマンスが良いのは、主として下落相場でのボラティリティが低いためだ。しかし、絶対モメンタムは、低ボラティリティ・ポートフォリオよりも優れている。価格が上昇したときには大きな利益が期待できるうえ、下落したときには保護手段として機能するからだ。しかも、トラッキングエラーもなく、セクターの集中もなく、低ボラティリティ・ポートフォリオのように回転率が高いという問題もない。これについては第6章を参照してもらいたい。

デュアルモメンタム —— 相対モメンタムと絶対モメンタムの長所を引き出す

絶対モメンタムは相対モメンタムよりも高いリスク調整済みリターンをもたらすことが多いが、相対モメンタムしか使わない実践家が多い。絶対モメンタムはまだそれほど知名度が高くないため、注目されていないからだ。

最も良いのは、絶対モメンタムと相対モメンタムの両方を使い、両方の長所を引き出すことだ。それにはまず相対モメンタムを使って前の12カ月にわたってパフォーマンスが良かった資産を選ぶ。次に、絶対モメンタムをトレンドフォローフィルターとして使う。つまり、選んだ資産の超過リターンが前の12カ月にわたって正だったか負だった

かを見るということである。もし正であれば、その資産は上昇トレンドにあり、その資産を使ってもよいということになる。逆に負だった場合、その資産は下降トレンドにあるため、上昇トレンドになるまではその資産には投資せず、短期から中期の確定利付商品に投資する。こうすることで、私たちは常に市場トレンドと同じ向きに動くことができるというわけだ。

アルファとシャープレシオ

　実際のモデル開発に進む前に、戦略を評価し、情報に基づく意思決定を下すための定量的ツールを用意する必要がある。学術界は適切なベンチマークに対するトレード戦略の有効性を評価するのに、ファクター価格付けモデルのアルファを使うことが多い。このアプローチの利点は、検証しようとするモデルに最も適切なリスクファクターを使え、結果の統計学的有意性を標準的な検定によって評価できることである。このアプローチの最大の欠点は、下方リスク、つまりドローダウンを無視していることである。統計学的有意性を見るうえではアルファは役立つが、戦略のリスクを評価するのにはほかの測度を使う。
　リスクをボラティリティとして測定するのによく使われるのがシャープレシオである。シャープレシオはいろいろなリターンの統計学的有意性を測定するのに使われる t 値と密接な関係がある。シャープレシオは、資産の平均超過リターン（リスクフリーレートを差し引いたリターン）をそのリターンの標準偏差で割って算出する（シャープレシオには、年次リターンと年次標準偏差よりも、平均月次リターンと月次標準偏差を使ったほうがよい。人によっては平均リターンの代わりに複利年間成長率［CAGR］を使う人もいる。しかし、これではボラティリティを二重計算することになる）。シャープレシオは戦略の効率性を測定するもので、とったリスク1単位に対して得られるリタ

ーンを知るためのものである。シャープレシオが高いほどリスク調整済みリターンが高いことを意味する。数値としては1.0以上が良いとされる。例えば、イルマネン（2011年）は、トレンドフォロー戦略の単一資産のシャープレシオは0から0.5で、ポートフォリオで見ると0.5から1.0に上昇すると報告している。

　しかし、シャープレシオには統計学的性質に問題がある。例えば、系列相関の影響を考慮しなければ、シャープレシオに基づいて資産を格付けすれば判断を誤る可能性がある。研究者もよくシャープレシオの差を比較するが、分散エラーが入るため、差のシャープレシオを比較することほど正確ではない。さらに、シャープレシオは上方リスクと下方リスクは区別しない。したがって、研究者のなかには、下方リスクのみを考慮するソルティノレシオを併用する人もいる。しかし、ソルティノレシオは上方リスクや、利益機会をとらえるのに便利な分散の右裾は無視する（シャオの「Right Tail Information in Financial Markets」［2014年］を参照）。私たちは内部作業では歪度を調整したシャープレシオを用いる。これは計算が簡単なうえ、役に立つ追加情報も提供してくれるからだ（ザカモウリンとコーケバッカー［2009年］またはベーコン［2013年］を参照）。しかし、ここでは分かりやすくするために標準的なシャープレシオを使う（リスクに対するリワードを測定する指標としては、このほかにもオメガレシオ、カッパ3レシオ、ラチョフレシオなどがある。詳しくはベーコン［2013年］を参照のこと）。

テールリスクと最大ドローダウン

　正規分布の場合、上方リスクと下方リスクはほぼ同じだが、金融市場のリターンは通常は正規分布には従わない。特に、リターンの歪が大きかったり、非対称の場合、上方リスクと下方リスクの違いが問題

になる。株式市場のリターンは負に偏っていることが多く、左側の裾が大きい（トレンドフォロー手法は正に偏る傾向がある）。これはテールリスクを生み、予想よりも大きな損失を生み、前に述べたアニマルスピリットを悪化させる。予想に反して利益が出るほうがよいので、裾は正に偏っているほうがよい。

学術研究ではテールリスクを無視することが多い。しかし、左側のテールリスクは負の歪を意味するので、実践的な観点で言えば、これは好ましくない。これは資本の侵食、精神的苦痛、投資家の時期尚早な撤退を引き起こす（グレイとボーゲル［2013年］を参照）。したがって、私たちに必要なのは、左側のテールリスクが大きすぎる戦略を避けるために、最大の逆行を示してくれる指標である。

こうした指標の1つが、条件付きCVaR（バリュー・アット・リスク）で、期待ショートフォールとも呼ばれる。CVaRはリターンの実際の分布を使ってポートフォリオの期待損失を求める。しかし、CVaRは計算が難しく、結果も直観的に分かりづらい。CVaR値への関連付けも難しいので、私はボックスプロットと呼ばれる視覚的な指標を用いることにしている。これは1つのチャート上に、リターンの中央値、リターンの四分位レンジ、極端な期待値をプロットするものだ。

直観的で、理解しやすく、計算が比較的簡単な、テールリスクの別の簡単な指標が最大ドローダウンだ（グレイとボーゲル［2013年］を参照）。ドローダウンとは、価格が新たな最高値からどれくらい下落したか（価格の下落率）を示すものだ。私たちは通常月次リターンを用いるので、私たちにとっての最大ドローダウンは、1カ月で資産が最大値からどれくらい目減りしたかを測定したなかで最大のものを意味する（当然ながら日々のドローダウンはこれよりも大きくなる）。

ほかのことについても同じだが、最大ドローダウンを使う場合の欠点もいくつかある。第一に、最大ドローダウンはパフォーマンス履歴の長さに依存する。そのほかのことが一定と仮定すれば、最大ドロー

ダウンは履歴の長さが長くなれば増大する。したがって、最大ドローダウンは、パフォーマンス履歴の長さが同じで、履歴データを豊富に持つ戦略を評価するのには便利に使える。第二に、最大ドローダウンは一回しか発生しないが、私たちにとっては、ドローダウンが起こった回数や、最悪のドローダウン以外のドローダウンのほうが重要な場合もある。ドローダウンの深さ、量、期間をもっとよく理解するために、私はドローダウンを異なる方法、異なる時間、異なる条件で見ることにしている。

統合アプローチ

　これで、相対的リターン、標準偏差、利益の一貫性、アルファ、シャープレシオ、ボックスプロット、さまざまなシナリオの下での最大ドローダウンを使って、私たちの戦略を数値的および視覚的に評価する準備が整った。

　これまで、モメンタムの歴史や進化、裏づけとなる論拠、投資資産として何を含み何を含むべきではないかを見てきた。必要な予備知識や評価ツールがそろったところで、これからモデル開発を始めていきたいと思う。次の第8章では、これまで学んできたことをまとめ、デュアルモメンタムが私たちのために何をしてくれるのかを見ていくことにしよう。

第8章　グローバル・エクイティ・モメンタム
Global Equities Momentum

> 「人の成すことには潮時というものがあり、うまく満ち潮に乗れば成功する」――ウィリアム・シェークスピア

　これまでの章では、モメンタムがどのように進化してきたのか、モメンタムベースのモデルにはどんな資産を含めるのがベストなのか、そして相対モメンタム、絶対モメンタム、デュアルモメンタムの意味などを見てきた。また、結果を評価するのに必要なツールや評価基準もそろった。そこで本章では、モメンタムの概念を現実の世界に応用した統合モデルを開発していきたいと思う。

　株式は過去に高いパフォーマンスを上げ、リスクプレミアムも高い。したがって、投資ポートフォリオにはまずは米国株のみを組み込み、そのあとレラティブストレングス・モメンタムに従って、非米国株を組み込んでいく。ポートフォリオに債券（短期債から中期債）を含めるのは、絶対モメンタムのところで見たように、米国株と非米国株が上昇トレンドにないときのみである。これによって債券の配分が戦略の長期的パフォーマンスに与える影響を最小化できるだけでなく、株式がベア相場にあるときには債券によってポートフォリオのリターンを向上させることができる。

動的な資産配分

　絶対モメンタムと相対モメンタムを使って資産配分を管理するデュ

アルモメンタム・アプローチは、投資家たちがこれまでやってきたことを大きく変える、いわゆるパラダイムシフトとも言えるものだ。投資家は、株式がベア相場になったときにすぐに株式を手仕舞う方法を持たないため、分散化のために、ポートフォリオの一部として債券を永続的に資産配分することが多い。

　永続的な資産配分が昔ほど意味をなさないのは、世界市場が統合化され、市場間の相関が高くなったからである。市場に流動性がなくなったとき、資産の相関が上昇するということは、永続的な資産配分は投資家が望むリスクの低減にはつながらないことを意味する。例えば、米国株と非米国株が平均を1標準偏差上回るリターンを出すブル相場のとき、米国株と非米国株の月次相関は−0.17だが、米国株と非米国株が平均を1標準偏差下回るリターンしか出ないベア相場のときは、米国株と非米国株の月次相関は0.76と高い。デュアルモメンタムは、私たちを無知な分散化から動的な適応型資産配分へと導いてくれるもので、これによって市場状態の変化に順応することができ、市場相関が高まってもその影響を受けることは少なくなる。

ルックバック期間

　モメンタムの観察期間、つまりルックバック期間とは、モメンタムを測定し、モメンタムベースのポートフォリオを選定するのに使うヒストリカルな観察期間のことを言う。ほぼすべての市場における最良のルックバック期間は一般に6カ月から12カ月であることは以前に述べたとおりである。

　相対モメンタムと絶対モメンタムを扱っている学術誌の大部分も、最良のパフォーマンスが得られるルックバック期間は12カ月であるとしている。市販のモメンタムアプリケーションも12カ月のルックバック期間を使っている（モメンタムベースの4つの市販商品は12カ月の

モメンタムを使っている。AQRキャピタル・マネジメントLLC、クオンツシェアーズ、ブラックロック、サマーヘイブン・インデック・マネジメントはこれらのインデックスを提供している会社だ）。私たちも12カ月のルックバック期間を両方のモメンタムに適用する。ほかのルックバック期間でもうまくいくが、6カ月から12カ月のルックバック期間は、ポートフォリオの回転率と取引コストを最小化してくれる。

　個別株を扱うとき、1週間あるいは1カ月レベルでの短期的な反転やリターンの逆張り効果から中期的なモメンタムの影響を減じるために、最も直近の週や月を外す人が多い。これは流動性や市場のミクロ構造問題と関係があると言われている。私たちのモメンタムモデルでは広範にわたる株式市場インデックスを使う。なぜなら、個別株よりもノイズが少なく、取引コストも少なくて済むからだ。インデックスは流動性やミクロ構造の影響も少ないため、直近の週や月を外す必要はない。

絶対モメンタムの適用

　まずは絶対モメンタムをS&P500インデックスに適用してみよう。つまり、過去の12カ月にわたってS&P500が正の超過リターン（Tビルのリターンを差し引いたリターン）を示せば、S&P500インデックスに投資し続けるということである。S&P500の過去12カ月の超過リターンが負の場合、S&P500インデックスを手仕舞って、バークレイズ・US・アグリゲート・ボンド・インデックスに投資する。S&P500の超過リターンが正になるまで、アグリゲート・ボンドへの投資を続ける。バークレイズ・US・アグリゲート・ボンド・インデックスは、投資格付け（78％ AAA）の高い、比較的安定したインデックスで、平均満期は5年を下回る（バークレイズ・US・アグリゲート・ボンド・

インデックスの開始日は1976年1月。1976年1月以前は、US・アグリゲート・ボンドに連動するバークレイズ・US・ガバメント・クレジット・ボンド・インデックスで代用する)。このインデックスは1976年に開始されてから、株式市場がベア相場のときも上昇してきた。したがって、株式市場が弱いとき、私たちの資産を置いておく安全な場所になる(中期債や長期債の平均年次リターンは1926年からほとんど変わらず、中期債の標準偏差は4.25、長期債の標準偏差は7.65で推移してきた)。つまり、過去1年にわたって株式市場が上昇していれば、株式に投資し続け、過去1年にわたって株式市場が下落していれば、株式を手仕舞って、安全な短期債に乗り換えるということである。私たちのアプローチはシンプルで簡単なのだ。

　表8.1と**図8.1**は、絶対モメンタムを適用したときとしないときのS&P500インデックスのリターンを示したものだ(用いたすべてのインデックスは配当配分を含むトータルリターンベースで示している)。

　絶対モメンタムに従えば、30％の時間帯はS&P500を離れ、アグリゲート・ボンドに投資するので、**図8.1**と**表8.1**にはS&P500に70％投資し、アグリゲート・ボンドに30％投資するパッシブ・ベンチマーク・ポートフォリオの結果も示している。

　12カ月の絶対モメンタムを適用した結果を見てみよう。素晴らしい結果を出している。平均年次リターンはS&P500インデックスに比べると200ベーシスポイントも高く、年次標準偏差は3％以上も低い。また、最大ドローダウンはS&P500が50％を上回っているのに対し、絶対モメンタムを適用したものは30％を下回っている。絶対モメンタムが2000年や2008年のときのような厳しいベア相場でのドローダウンを回避する一方で、市場の上昇のほとんどをとらえていることは、**図8.1**を見れば一目瞭然だ。メッセージを十分に理解できるまでしっかり見ておこう。

　絶対モメンタムは長期トレンドフォローアプローチなので、1987年

第8章 グローバル・エクイティ・モメンタム

表8.1 絶対モメンタムを適用したS&P500と適用しないS&P500（1974～2013年）

	年次リターン	年次標準偏差	年次シャープレシオ	最大ドローダウン	利益の出た月（%）
S&P500インデックス	12.34	15.59	0.42	-50.95	62
アグリゲート・ボンド	7.99	5.58	0.46	-12.74	69
S&P500＋アグリゲート・ボンド＊	11.01	11.45	0.47	-37.62	64
絶対モメンタムを適用したS&P500	14.38	12.23	0.69	-29.58	66

＊　70％がS&P500で、30％がアグリゲート・ボンド

図8.1 絶対モメンタムを適用したS&P500と適用しないS&P500（1974～2013年）

10月に発生したような市場の短期的な修正には反応しない。これは良いことだ。というのは、こうした市場の急激な修正は売られ過ぎ状態を生み出すことが多く、市場はそのあとすぐに上昇するからだ。市場はアキュミュレーション状態からディストリビューション状態に移行

するため、市場が天井を付けるまでには時間がかかる。マーケットのテクニカルアナリストはダブルトップやヘッド・アンド・ショルダーズといったパターンでこうした移行を探す。

図8.1からも分かるように、絶対モメンタムは本質的にトレンドフォローなので、1981年、1989年、2000年、2007年に市場が天井を付けたときには株式を手仕舞うことはできなかったが、株式を手仕舞う前に累積利益をあまり市場に戻していない。つまり、ベア相場の初期に私たちを安全な場所に運んでくれるということである。

ブル相場の間は、絶対モメンタムは眠った状態になり、一種の損切りとして機能する。しかし、実際の損切りとは違って、絶対モメンタムは上昇トレンドになればすぐに市場に戻る能力を備えている。

プロのマネーマネジャーは、表8.1に示した絶対モメンタムの結果と同じくらい良い長期的な利益が望めるのなら、初期の利益は喜んであきらめるだろう。絶対モメンタムは米国の株式市場に適用すると非常に効果的なのは明らかだ。株式市場の投資家やプロのマネーマネジャーたちは、ぜひ絶対モメンタムに注目してもらいたい。

相対モメンタムの適用

レラティブストレングス・モメンタムを使うには、2つ以上の資産が必要になる。MSCIオール・カントリー・ワールド・インデックス（MSCI ACWI）は、24の先進国市場と21の新興市場に投資した浮動株調整時価総額加重インデックスだ。米国株の占める割合が45％、ほかの先進国市場の占める割合が45％、残りの10％が新興市場への投資である。MSCI ACWIが作られた1988年1月以前はMSCIワールド・インデックス（MSCIワールド）を使う。MSCIワールドには新興市場は含まれておらず、新興市場が含まれるようになったのはMSCI ACWIになってからである（1988年）。これ以降、ACWIと言うときは、

表8.2 ACWI、ACWI非米国株、S&P500（1974～2013年）

	年次リターン	年次標準偏差	年次シャープレシオ	最大ドローダウン	利益の出た月（％）
ACWI	8.85	15.56	0.22	−60.21	61
ACWI非米国株	8.51	17.65	0.17	−64.10	60
S&P500	12.34	15.59	0.42	−50.95	62

1988年以降はMSCI ACWIを意味し、それ以前はMSCIワールドを意味するものとする。ACWIは、50％は米国株（S&P500）に投資し、残りは非米国株に投資している。

表8.2は、ACWI、ACWI非米国株、S&P500の1974年から2013年までの40年にわたるパフォーマンスを示したものだ。**表8.2**を見ると分かるように、非米国株のリターンと米国株と非米国株を合わせたインデックス（ACWI）のリターンは、米国株（S&P500）よりもはるかに低い。これは米国株式市場の長期的なリスクプレミアムが高いという事実に一致する。

このあとレラティブストレングス・モメンタムをS&P500とACWI非米国株に適用していく（結果は、ラッセル3000やMSCI USブロード・マーケット・インデックスといった広範にわたって分散投資したインデックスを使ったときとほぼ同じ）。この場合、ACWI非米国株のタイプに合わせて、S&P500には大型株S&P500を使う。

相対モメンタムと絶対モメンタム

ACWIに絶対モメンタムを適用するには、S&P500の超過リターンが過去12カ月にわたって正だったか負だったかによって、S&P500とバークレイズ・US・アグリゲート・ボンド・インデックスを入れ替える。株価指数全体のトレンドを決定するのにS&P500を使うのは、

表8.3 ACWIとモメンタム（1974～2013年）

	年次リターン	年次標準偏差	年次シャープレシオ	最大ドローダウン	利益の出た月（%）
ACWI	8.85	15.56	0.22	−60.21	61
相対モメンタムを適用	14.41	16.20	0.52	−53.06	63
絶対モメンタムを適用	12.66	11.93	0.57	−23.76	66

図8.2 ACWIと相対モメンタムおよび絶対モメンタムを適用したACWI

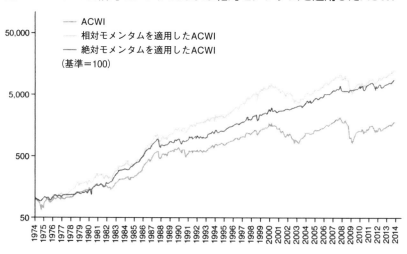

　世界の株式市場を主導しているのが米国だからである（ラパキ、ストラウス、チョウ［2013年］）。一方、相対モメンタムを適用するには、過去12カ月にわたって米国株と非米国株の相対パフォーマンスを比較して、高いほうを選ぶ。**表8.3**と**図8.2**は絶対モメンタムと相対モメンタムをACWIに使ったときと使わないときのパフォーマンスを示したものだ。

　表8.3を見ると分かるように、相対モメンタムを適用したACWIは

図8.3 累積リターンの成長の違い（1974～2013年）

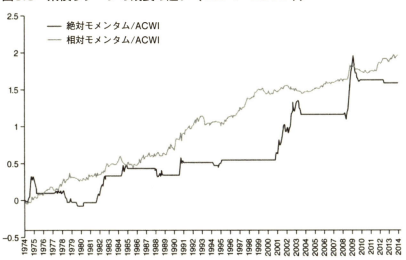

適用しないACWIよりも年次リターンが556ベーシスポイント高い。これは、ボラティリティが若干上昇したのと、最大ドローダウンが減少したことによる。絶対モメンタムを適用したACWIは適用しないACWIよりもリターンは381ベーシスポイント高くなっているにすぎないが、標準偏差は3.6％減少し、最大ドローダウンは60％も減少している。絶対モメンタムが有効なのは、2000年～2002年や2007年～2008年のときのようなベア相場である。

図8.3は相対モメンタムと絶対モメンタムを適用したACWIの累積リターン比率を示したものだ。相対モメンタムと絶対モメンタムは補完しあっていることが分かる。絶対モメンタムは1982年、2001年、2008年のようなベア相場で効果を発揮し、相対モメンタムは、1986年～2000年、2003年～2007年、2011年～2013年のときのように、絶対モメンタムが鳴りを潜め、市場をしのぐ力がないときに効果を発揮する。

相対モメンタムのほうが絶対モメンタムよりもリターンは高いが、その一方で、ボラティリティは高くドローダウンも大きい。相対モメンタムと絶対モメンタムの月次リターンの相関が0.69であることも注目に値する。これは分散化効果が高いことを意味する。

投資家は絶対モメンタムよりも相対モメンタムをよく使う。しかし、絶対モメンタムのほうがボラティリティとドローダウンは低く、シャープレシオも高いので、リスク調整ベースでは絶対モメンタムのほうが優れている。しかし、一方のモメンタムしか使えないわけではない。一緒に使えば、相対モメンタムと絶対モメンタムの補完的性質を生かすことができる。そこで登場するのがデュアルモメンタムである。

デュアルモメンタムの適用

絶対モメンタムと相対モメンタムを組み合わせたデュアルモメンタムについて見ていくことにしよう。S&P500の絶対モメンタムシグナルが示すように、アグリゲート・ボンドはベア相場のときの避難港として機能する。また、相対モメンタムに基づいて、S&P500とACWI非米国株も入れ替える。デュアルモメンタムを適用したこのアプリケーションをGEM（グローバル・エクイティ・モメンタム）と呼ぶ。これはまさに宝石のようなシステムだ。**図8.4**はGEMの理論を示したものだ。

まず、過去12カ月にわたるS&P500とACWI非米国株を比較し、パフォーマンスの高かったほうを選ぶ。次に、選んだインデックスがTビルよりもパフォーマンスが高かったかどうかを調べ、高ければそのインデックスに投資する。高くなければ、USアグリゲート・ボンドに投資する。この手順を毎月繰り返す。

1974年から2013年10月にかけて、GEMのS&P500への投資比率は41％、ACWI非米国株への投資は29％、アグリゲート・ボンドへの投資

図8.4　過去12カ月のリターンを使ったGEM

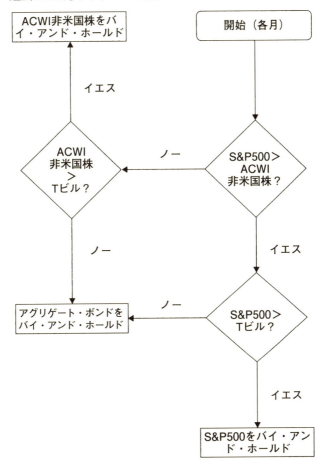

は30％だった。これら3つの資産間の入れ替えは年平均で1.35回だった。つまり、インデックスの入れ替えにかかった取引コストはほとんど無視できるということである（GEMに使える手数料のかからないETFを扱っているブローカーは4つある）。**表8.4**はACWIデュアルモメンタム（GEM）、ACWI相対モメンタム、ACWI絶対モメンタム、

表8.4　10年ごとのパフォーマンス比較（1974～2013年）

	GEM	相対モメンタム	絶対モメンタム	ACWI	ACWI+AGG*
全期間					
年次リターン	17.43	14.41	12.66	8.85	8.59
年次標準偏差	12.64	16.20	11.93	15.56	11.37
年次シャープレシオ	0.87	0.52	0.57	0.22	0.28
最大ドローダウン	−22.72	−53.06	−23.76	−60.21	−45.74
1974-1983					
年次リターン	15.95	15.41	12.46	9.23	8.98
年次標準偏差	11.77	16.39	10.83	13.95	11.04
年次シャープレシオ	0.54	0.36	0.30	0.02	0.00
最大ドローダウン	−10.95	−32.77	−11.91	−32.78	−25.37
1984-1993					
年次リターン	22.39	20.58	16.03	14.23	13.62
年次標準偏差	14.60	16.68	13.54	15.66	11.45
年次シャープレシオ	0.97	0.75	0.64	0.46	0.57
最大ドローダウン	−22.72	−22.72	−23.76	−27.02	−18.56
1994-2003					
年次リターン	17.87	10.73	12.46	5.91	6.24
年次標準偏差	12.21	16.11	11.45	15.22	10.66
年次シャープレシオ	1.02	0.38	0.67	0.11	0.18
最大ドローダウン	−15.37	−48.85	−16.43	−56.52	−33.32
2004-2013					
年次リターン	13.68	11.69	9.78	6.15	5.69
年次標準偏差	11.83	15.68	11.85	17.31	12.27
年次シャープレシオ	0.96	0.58	0.53	0.26	0.33
最大ドローダウン	−18.98	−53.06	−21.69	−60.21	−45.74

＊　ACWIが70％、アグリゲート・ボンドが30％

ACWIインデックス（ベンチマーク）、ACWIとUSアグリゲート・ボンドの投資比率が70％対30％のポートフォリオのパフォーマンスを示したものだ。

図8.5 デュアルモメンタム、絶対モメンタム、相対モメンタムの比較（1974～2013年）

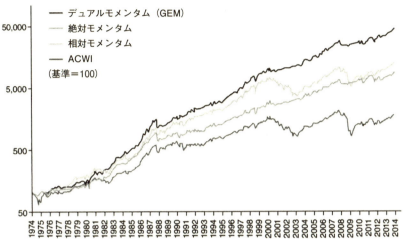

　1974年から2013年の40年にわたるGEMのパフォーマンスは、平均年次リターンが17.43％、標準偏差が12.64％、シャープレシオが0.87、最大ドローダウンが22.7％だった（ACWI非米国株の代わりにMSCIワールド非米国株を使って新興市場を外せば、平均年次リターンは17.0％、標準偏差は12.54％、シャープレシオは0.84、最大ドローダウンは22.72％になる）。ACWIと比べてほぼ2倍の年次リターンはボラティリティが2％減少したためだ。ACWIと比べると、シャープレシオはほぼ4倍で、最大ドローダウンはおよそ3分の1だ。

　図8.5を見ると分かるように、絶対モメンタムはベア相場における資本の侵食から私たちを守ってくれる（負の歪度は、左側のテールリスクを意味する。全期間における歪度は、ACWIが－1.05、絶対モメンタムが－0.93、相対モメンタムが－0.54、GEMが－0.61である）。ベア相場の損失を取り戻す必要がないため、これはGEMのリターンに大いに貢献している。堅牢さについては、GEMは全期間を通じてリ

図8.6 ポートフォリオリターンとボラティリティ（1974〜2013年）

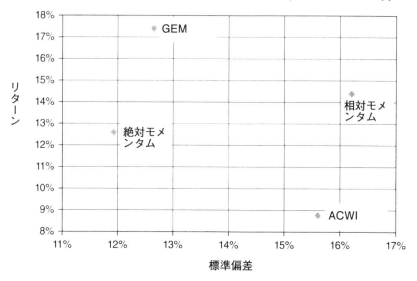

図8.7 GEMとACWIの12カ月ローリング期間のリターン（1974年 2013年）

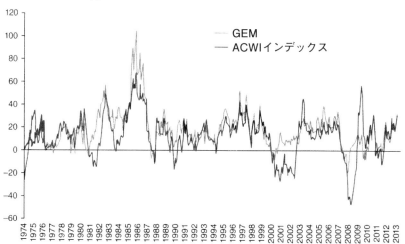

表8.5 GEMのルックバック期間ごとのパフォーマンス（1974～2013年）

	GEM12	GEM9	GEM6	GEM3	ACWI
年次リターン	17.43	15.85	14.37	13.90	8.85
年次標準偏差	12.64	12.39	11.84	12.04	15.56
年次シャープレシオ	0.87	0.78	0.71	0.65	0.22
最大ドローダウン	−22.72	−18.98	−23.51	−23.26	−60.21

ターンが安定し、4期間のすべてでシャープレシオはACWIよりもはるかに高く、最大ドローダウンは小さい。

図8.6はGEM、絶対モメンタム、相対モメンタム、ACWIインデックスのリワードとボラティリティをチャートにしたものだ。リワード・リスク特性が最も優れているのはGEMであることは一目瞭然だ。

図8.7はGEMとACWIの12カ月ローリング期間のリターンを示したものだ。年次リターンの振れがかなり大きいが、GEMのリターンはほぼ一貫してプラスで、極端なマイナスリターンは比較的少ない。1980年代初期は、GEMはACWIに比べると弱かったが、これは短期金利が20％に上昇するという異常な事態が発生し、資金が一時的に株式からＴビルに流れたためだ。1975年初期、2002年後半、2009年初期は、ベア相場によって大きな損失を出したあとACWIが急激に上昇したため、このときもGEMはACWIよりも弱かった。これ以外のときは、GEMのほうが一貫してACWIをアウトパフォームしている。

堅牢さを調べるために、GEMの3カ月から12カ月のルックバック期間のパフォーマンスを示したものが**表8.5**である。シャープレシオと最大ドローダウンについては、すべてのルックバック期間でGEMはACWIよりも優れている。

図8.8はGEM、相対モメンタム、絶対モメンタムのACWIに対する累積パフォーマンスを示したものだ。**図8.8**からも分かるように、

図8.8 累積成長率（1974～2013年）

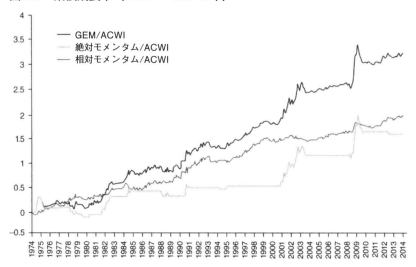

　デュアルモメンタムは絶対モメンタムや相対モメンタムに比べるとはるかに優れている。また、相対モメンタムが市場をしのぐことができなかった1982年、2001年、2009年は、絶対モメンタムがGEMに貢献し、株式が強く、絶対モメンタムが市場をしのぐことができなかった1986年～1998年と2004年～2007年は相対モメンタムがGEMに貢献している。これからも分かるように、相対モメンタムと絶対モメンタムを一緒に使えば効果的で、補完効果が得られる。

　ACWIがベア相場にあった1974年、2001年、2008年にはGEMはACWIを大きくアウトパフォームした。つまり、ベア相場のときは、GEMをコアホールディングとして使いたくない株式投資家にとっては、資産を安定的に分散するのにGEMが便利に使えるということである。

　GEM投資家が留意すべきことは、GEMは短期ベースでは必ずしも

表8.6　アウトパフォームした年数（1974〜2013年）

	S&P500が上昇	S&P500が下落
GEM>S&P500	14	8
S&P500>GEM	13	0
GEM=S&P500	5	0

表8.7　平均年次リターン（1974〜2013年）

	S&P500が上昇	S&P500が下落
GEM	21.9	2.2
S&P500	18.5	−15.2

市場をアウトパフォームするとは限らないということである。市場が売られ過ぎのベア相場状態から急激に上昇したときには特にそうである（**図8.7**）。トレンドフォローは一般に市場の動きに遅れることが多い。しかし、長期的に見るとGEMは市場をアウトパフォームする。

表8.6は、GEMがいつ、どんなふうに市場をアウトパフォームするのかを示したものだ。**表8.6**はS&P500が上昇・下落している年に、GEMがS&P500をアウトパフォームした年数とアンダーパフォームした年数を示したものだ。また、**表8.7**は上昇相場と下落相場でのGEMとS&P500の平均年次リターンを示したものだ。

GEMはそのローリスク特性によって、ほかの株式投資家が急いでサイドラインに下がっているときに、感情に流されてタイミングの悪い手仕舞いの意思決定をすることを避けることができる。GEMが市場ベンチマークをアウトパフォームする頻度とアンダーパフォームする頻度がほぼ等しいブル相場では、GEM投資家には忍耐力が要求される。GEMが市場をアウトパフォームするのは、ベア相場のときで

表8.8 GEMとACWIの5つの最大ドローダウン（1974～2013年）

ドローダウン	開始日	最安値を記録した日	リカバリーした日	最高値から最安値までの月数	最安値からリカバリーするまでの月数	最高値からリカバリーするまでの月数
GEM						
−22.7	9/87	10/87	5/89	1	19	20
−19.0	11/07	10/08	12/10	11	24	35
−16.1	5/11	9/11	2/12	4	5	9
−15.4	7/98	8/98	11/98	1	3	4
−8.6	4/00	7/00	7/01	3	12	15
ACWI						
−53.9	11/07	2/09	?	16	>46	>62
−50.5	3/00	3/03	10/06	30	49	79
−30.8	3/74	9/74	3/76	7	18	25
−27.0	12/89	9/90	12/93	9	48	57
−20.4	8/87	11/87	1/89	3	14	17

あることを覚えておこう。

ドローダウンの比較

　表8.8はGEMとACWIの5つの最大ドローダウンの量、長さ、リカバリータイムを示したものだ。

　図8.9～図8.12はGEMとACWIおよびほかのベンチマークのドローダウンとリターンを示したものだ。

　図8.13は、GEMとACWIの1カ月ローリング期間の四半期リターンを示したものだ。左下の象限を見ると、GEMに絶対モメンタムを使うことでACWIで現れるドローダウンの大半を避けることができることが分かる。右上の象限では右上がりの線形関係が見られるが、これはACWIの正のリターンがGEMの正のリターンとほぼ同じである

第8章 グローバル・エクイティ・モメンタム

図8.9 最大ドローダウン（1974～2013年）

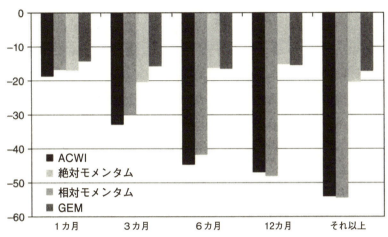

図8.10 ベア相場におけるリターン（1974～2013年）

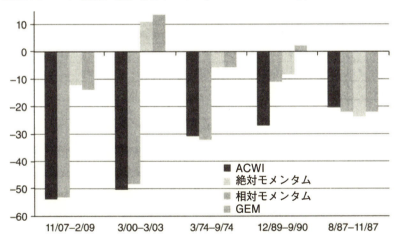

図8.11　ドローダウンの年数（1974〜2013年）

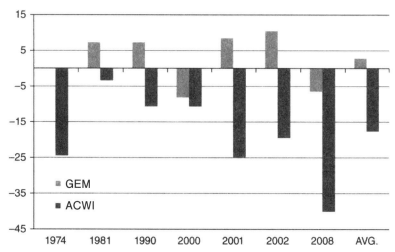

図8.12　GEMとACWIの5年ローリング期間の最大ドローダウン
　　　　（1979〜2013年）

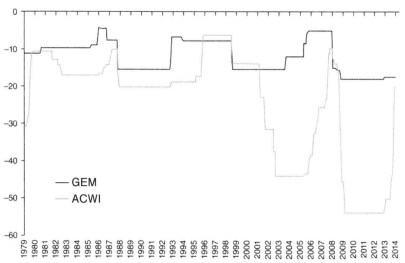

図8.13 GEMとACWIの四半期リターン（1974〜2013年）

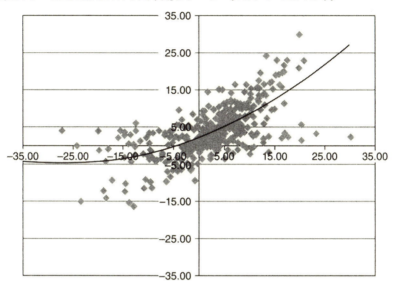

ことを示している。

図8.14は12カ月ローリング期間のリワード・リスクのボックスプロットを示したものだ。ボックスプロットは各戦略のリワードとボラティリティ特性を同時に見るためのものだ。縦の長い線はリターン（極端な外れ値は除く）の幅を示し、長方形のボックスはリターンの75％の四分位レンジを示したものだ。12カ月ローリング期間のメジアンリターンは、異なる色の箱を分断する横の線で表される。

ファクターモデルの結果

表8.9は、第3章で説明した複数の回帰ファクターモデルを使って、GEMのリターンを、ファーマ・フレンチ・カーハートの4つのリスクファクター（市場、サイズ、バリュー、モメンタム）（ケネス・フ

図8.14 12カ月ローリングリターンのボックスプロット（1974〜2013年）

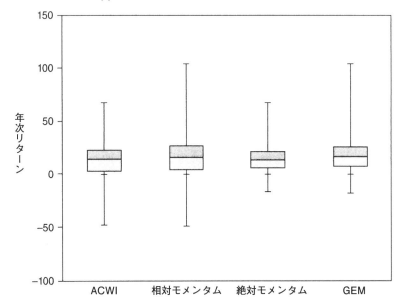

レンチのウェブサイトのデータライブラリーより。http://mba.tuck.dartmouth.edu/pages/faculty/ken.french/data_library.html を参照）に対して回帰させたものだ。GEMモデルはおよそ30％を債券に投資しているので、追加ファクターとしてバークレイズ・アグリゲート・ボンド・インデックスの超過リターンを加えた5ファクターモデルも示している。また、株式、債券、モメンタムリスクファクターのみを使ったシンプルな3ファクターモデルも示している。

これら3つのモデルのすべてで、GEMは経済的にも統計学的にも有意なリスク調整済み超過リターン（アルファ）を示している。GEMはロングオンリーの戦略なので、当然ながら株式と債券市場ファクターの係数は高くなる。また、GEMは株式モメンタムに対する投資量が大きいので、GEMの強いパフォーマンスにはレラティブス

表8.9 ファクター価格モデル（1974～2013年）

	アルファ*	市場	サイズ	バリュー	モメンタム	債券	R^2
5ファクターモデル	5.30 (2.67)	0.50 (8.32)	−0.06 (1.10)	0.08 (1.32)	0.20 (4.25)	0.37 (3.50)	0.44
4ファクターモデル	5.94 (2.99)	0.53 (9.64)	−0.09 (1.83)	0.09 (1.43)	0.21 (4.39)	–	0.44
3ファクターモデル	5.80 (3.25)	0.47 (8.29)	–	–	0.17 (5.00)	0.39 (3.88)	0.43

* アルファは年次。カッコ内の数値はニューウェイ・ウエストのt値

トレングス・モメンタムが大きく寄与している。

シンプルで効果的

　GEMは高くて有意なリスク調整済みリターンを提供してくれるという意味で効果的だが、節約的でもある。節約的という言葉は、経済学者が自分たちを賢く見せるのに使う言葉だ。つまり、シンプルで分かりやすいという意味である。アインシュタインはかつて次のように言った――「物事はできるかぎりシンプルにすべきだ。しかし、シンプルすぎてもいけない」。また、サン・テグジュペリは、「完璧がついに達成されるのは、何も加えるものがなくなったときではなく、何も削るものがなくなったときである」と言った。ロジャーズは、「深くシンプルなのは、浅く複雑なことよりもはるかに重要だ」と言った。

　高度に最適化された手法は複雑で、もろく、失敗しやすい。一方、GEMはシンプルで堅牢だ。GEMは米国株、非米国株、アグリゲート・ボンドしか使わず、パラメーターは、多くの市場と200年の市場データによるインサンプルとアウトオブサンプル・テストで検証された12カ月のルックバック期間のみだ。GEMのインサンプルとアウトオブサンプル・テストの結果とシンプルさおよび堅牢性は、モデル構築の

致命傷ともいえるデータマイニングと過剰適合バイアスを最小化するのに役立つ。

GEMの使い方

　GEMには、投資信託を使うよりも運用コストが低く、流動性が高く、透明性があり、税効率の高いETF（上場投信）を使うのがよい（投資信託はファンドマネジャーが保有分を売るとき、純キャピタルゲインが発生するが、ETFにはキャピタルゲインはない）。また、オンラインのチャートプログラムを使えば、GEMのリバランスシグナルは簡単に決定できる。チャートプログラムとしては、ストックチャート・ドット・コムのPerfCharts（http://stockcharts.com/freecharts/perf.php を参照）をお勧めする。ほかのチャートプログラムはチャートを作成するときに価格変動のみを使うが、PerfChartsはトータルリターンを使っているからだ。3つのETFシンボル（米国株、非米国株、Tビル）を入力・保存したら、毎月、過去252トレード日（1暦年）にわたるこれら3つのETFのパフォーマンスをプロットする。2つの株式ETFのうち過去1年にわたって高いリターンを示したものが、翌月にGEMに含めるべきETFになる。Tビルのリターンが最も高い場合、株式市場は下落トレンドにあったことになるので、株式の代わりにアグリゲート・ボンドETFをGEMに含める。

　GEMの実行・管理にかかるコストは非常に低い。手数料無料のETFを提供しているブローカー（バンガード、チャールズシュワブ、TDアメリトレード、フィディリティ・インベストメンツ）が4つあり、GEM戦略にはこうしたブローカーのETFを使うとよいだろう。バンガードのS&P500ETF、FTSEオール・ワールド非米国株ETF、USトータル・ボンドETFの平均年次経費率はわずか10ベーシスポイントだ（年間経費率が同じく10ベーシスポイントのフィディリティのｉシ

ェアーズETFを使えば手数料無料でトレードできるが、フィディリティの非米国ファンドは取引高がバンガードファンドよりも少ない。シュワブETFの年間経費率もわずか6ベーシスポイントと低いが、バンガードファンドに比べると流動性がかなり低い）。またGEMは税効率も比較的よい。デュアルモメンタムは通常負けポジションを売るので短期的なキャピタルロスは避けられないが、勝ちポジションは長く保有するので長期的なキャピタルゲインは期待できる。これほど素晴らしいGEMを使わない手はない。

異なるリスク選好への対応

　次の第9章では、GEMを複雑にしても得られるものは何もないことを示していく。投資家によっては異なるリスク特性を好む人もいると思うが、GEMはこれに対してどのように対応できるのだろうか。
　これに答えるためには、トービンの分離定理（どの資産を選ぶかの意思決定と、どれくらいのリスクを想定するかの意思決定は独立して行われる）を考える必要がある（トービンが分離定理を考案したのは、マーコウィッツが平均分散最適化に関する論文を発表した直後の1958年のこと）。これは、投資家はシャープレシオの高い資産で構成された最適ポートフォリオを保有すべきだが、リスクを下げたい人は、その最適ポートフォリオに無リスク（あるいは低リスクの）資産を組み込まなければならないことを言ったものである。逆に言えば、高いリターンを期待するアグレッシブな投資家は、お金を借りて最適ポートフォリオにレバレッジを掛けたほうがよいということである。
　図8.15は、分離定理の接点ポートフォリオを示したもので、リスクフリーレートから始まる直線（資本市場線）はリスクポートフォリオの効率的フロンティアに接触している。リスク回避型の投資家は、効率的フロンティアに沿って投資するよりも、この直線に沿って投資

図8.15 資本市場線と効率的フロンティア

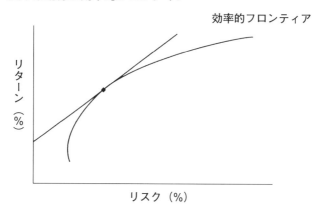

したほうが、より高いリワード・リスク・レシオが得られる。

表8.10と図8.16は、フェデラル・ファンド・レート＋25ベーシスポイントで資金を借りることを選んだアグレッシブな投資家用のポートフォリオを作成するために、30％を借り入れたGEMを示したものだ。また、リスク回避的な投資家の保守的なポートフォリオを作成するために、30％を永久的にアグリゲート・ボンドに配分したGEMも示している。このようにGEMはオールシーズンさまざまな投資家に対応することができる。

第8章　グローバル・エクイティ・モメンタム

表8.10　GEM—資金を借り入れた場合と借り入れない場合

	年次リターン	年次標準偏差	年次シャープレシオ	最大ドローダウン	利益の出た月（％）
GEM130	20.13	16.43	0.81	-29.84	65
GEM	17.43	12.64	0.87	-22.72	68
GEM70	14.52	9.50	0.90	-15.46	69

図8.16　資金を借り入れたGEMと借り入れないGEM（1974～2013年）

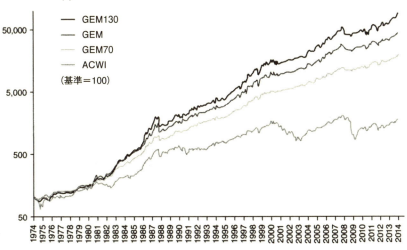

第9章　モメンタムのさらに効果的な使い方
Mo'Better Momentum

> 「シンプルさは究極の洗練である」──レオナルド・ダ・ビンチ

　前の第8章では、デュアルモメンタムが低リスク・高リターンを与えてくれることを見てきた。第5章と第6章ではほかの投資アプローチについて議論したが、これによってなぜ私たちはデュアルモメンタムに注目しなければならないのかがよく分かったはずだ。デュアルモメンタム戦略を理解し、これを使うことを決めた賢明な投資家にとって、過剰な分散化は逆効果でしかないことも分かったはずだ。本章では、デュアルモメンタムをさらに改善し、もっと効果的な使い方がないかを見ていくことにしよう。

モメンタムの改善に潜む危険性

　デュアルモメンタムは相対モメンタムと絶対モメンタムの簡単な関係に基づくため、シンプルで簡単な戦略だ。デュアルモメンタムのパラメーターはルックバック期間のみである。1920年から1935年のデータを使って、米国の株式市場の相対モメンタムから異常利益を得られるのはルックバック期間として12カ月を使ったときであることを最初に発見したのはコールズとジョーンズだった。ほかの多くの研究者も、ほかの市場における1903年から現在までの絶対モメンタムのデータと、

1801年から現在までの相対モメンタムのデータを使って、12カ月のルックバック期間が最も有効であることを確認している。アウトオブサンプル・テストにこれだけ長期のデータを使っているのだから、データスヌーピング・バイアスの心配はない。どちらのモメンタムでも12カ月のルックバック期間がうまく機能するという事実は、12カ月がルックバック期間としてちょうどよい長さであることがクロス検証されたことになる。

デュアルモメンタムという実績がすでに証明されたアプローチを別のもので置き換えたり、改善しようとするとき、いくつか問題がある。1つ目は、データマイニングによって発生する多重比較問題であり、これはデータスヌーピングにつながる。十分に多くの戦略を見ていくと、魅力的なものがいくつかは見つかる。しかし、これは単に運がいいからにほかならない。例えば、20個以上の戦略を5％の有意水準で統計学的に検定するとした場合、有意ではないのに有意に思える戦略は1つは見つかる。なぜなら、それは偶然だけでも20分の1の確率で発生するからだ。実験を大々的に行ってわざわざこんな問題に陥る必要はない。ベイリーほか（2014年）は「Pseudo-Mathematics and Financial Charlatanism: The Effects of Backtest Overfitting on Out-of-Sample Performance」という論文のなかで次のように述べている——「比較的少数の代替戦略ですら、バックテストすれば高いパフォーマンスは簡単に得られる……投資家は一見、数学的に健全と思える戦略に投資するという間違いを犯しやすい」。

説明モデルを開発するときにデータスヌーピングが入り込むと何が起こるかを示す悪名高い例がいくつかある。20年ほど前、2人の研究者が、バングラデッシュのバター生産量と、米国のチーズ生産量と、米国とバングラデッシュの羊の数の重回帰式を使って、S&P500インデックスのリターンの99％を説明できると言ったが、彼らはバングラデッシュのバター生産量のデータをどこで見つけたのかという質問を

今も受け続けている。このほかにも、株式市場のリターンを、米国の9歳の子供の数、女性のドレスのすその長さ、スポーツ・イラストレーテッド誌の水着特集の表紙を飾るのがアメリカ人かどうかに関連づける研究があった（http://www.forbes.com/sites/davidleinweber/2012/07/24/stupid-data-miner-tricks-quants-fooling-themselves-the-economic-indicator-in-your-pants/ を参照）。

　モデルを選んで、パラメーターを決める段階でもデータスヌーピング問題は発生する。モメンタムにはパラメーターは1つしかない（ルックバック期間）。これまで研究者たちはこれをあらゆる方法で検証してきた。しかし、大部分のモデルはそれほど簡単ではなく、過剰適合や過剰仕様の問題は常に存在する。

　モデルを複雑にすれば、過去を完璧に「予測」するようにモデル化することになる。つまり、未来は予測できなくなるということだ。ロペス・ド・プラド（2013年）によれば、金融データにはさまざまな種類の記憶が含まれているため、過剰適合はノイズ（ランダム性）につながるだけでなく、平均回帰によってシステマティックなアウトオブサンプル損失にもつながることが多い。つまり、バックテストの結果が良いほど、そのあとのリアルタイムでの結果は悪くなるのである。

　データを2回使うという間違いもある。戦略とパラメーターの最適化に使ったあと、同じデータを戦略が将来のリターンをどれくらいよく予測できるかを判断するのにも使う。複雑で高度に最適化されたモデルにはペナルティーを科す必要があり、パフォーマンスの評価はモデル開発に使われていない新たなデータで行う必要がある。またロペス・ド・プラドは、例えば、データをテスト用とクロス検証用に分けるといった、過剰適合を防ぐための標準的な統計手法は、バックテストの目的で使うには正しいとも正しくないとも言えないと言う。これにはいろいろな理由があるが、データをクロス検証用に取っておくという手法は、試した回数を勘案しないこと、そして、研究者はデータ

の残り半分で何が起こるかすでに知っているというのが最も大きな理由だろう。ノーベル物理学賞を受賞したリチャード・ファインマンは次のように指摘した――「結果を計算するプロセスが曖昧であれば、ちょっとしたスキルがあれば、どんな実験結果も期待されたとおりの結果になる可能性がある」（メッセンジャー・レクチャー・シリーズの一環としてコーネル大学で行った講義から）。

多重比較問題や過剰適合バイアス以外にも、データマイニングはデータ不足問題に悩まされることもある。実践家のなかにはトレードモデルを設計・バックテストするのに15年分のデータしか使わない人もいる。ETFが大量に取引されるようになったのが15年前だからだ。金融データに含まれるノイズ量を考えると、結果はあまり信頼性がない。リターン分布のパラメーターは時間とともに変わり、市場状態に依存する。比較的短期間のサンプルは全体を代表するものにはならず、バックテストの結果にも再現性がない。どのデータ列あるいはデータサンプルも、全体を同じように代表するという性質をエルゴード性という。金融市場は最もエルゴード性が低い。株式市場の状態は繰り返さないものもあれば、まったく異なる性質で繰り返すものもある。次の例を見てみよう。

VR（分散比）を、k期間のリターンの、1期間のリターンの分散のk倍に対する比と定義する。リターンに相関がないとき、分子と分母は同じになるので、VRは1になる。平均回帰相場では、リターンは負の相関を持つため、VRは1より小さくなる。トレンド相場では、リターンは正の相関を持つため、VRは1より大きくなる。さまざまなk期間におけるVRを計算すると、それらの期間において市場がトレンド相場だったのか、平均回帰相場だったのかが分かる。

図9.1はトニー・クーパーによって提供されたチャートだ（クーパー［2014年］を参照）。上の図9.1aは15年ごとのS&P500を示したもので、下の図9.1bは同時期における15年ごとのVRを示したものだ。

図9.1　15年ごとの分散比（1954～2013年）

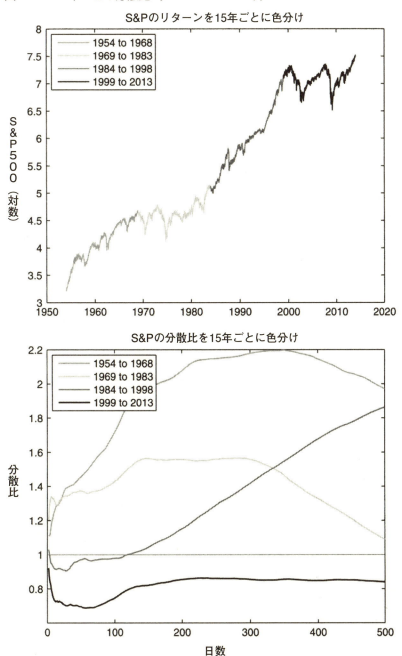

出所＝トニー・クーパー

1999年から2013年までは（VRチャートの一番下のライン）、市場はすべてのk期間にわたって平均回帰だったが、そのほかの15年期間では、VRの値はほとんど1を上回っているため、トレンド相場だったことが分かる。VRラインのパターンがそれぞれ異なることにより、わずか15年分のデータを使ったバックテストでは、信頼のおける将来予測はできないことが分かる。よく見られる過ちの1つは、15年といった限定的なデータのみを使ってモデルを開発し、そのモデルが将来的にも信頼のおける結果を導き出すことを期待してしまうことである。著名な研究者であるケネス・フレンチ（ファーマとフレンチ［2007年］）はかつて次のように言った――「証券価格調査センター（CRSP）のデータベースの78年分のデータでも、結果からノイズを取り除くのには不十分だ」（今現在、CRSPのデータベースには88年分のデータが保存されている）。第6章で述べたように、著名な研究者たちは28年分のデータがあれば、有意なバリュープレミアムが得られると判断した。しかし、今ではもっと多くのデータが得られるため、それよりもデータ量が少ないときのバリュープレミアムは、サイズプレミアム同様、信頼できない可能性が高い。

これに対して、絶対モメンタムによるリスク調整済み利益のデータは1903年からのデータが入手可能だ。相対モメンタムのデータはそれよりも古い1801年からのデータが入手可能だ。私が知るかぎり、金融市場のバックテストでこれほど多くのデータに基づくものはほかにはない。

データ量が多ければ、さまざまな市場状態にわたって結果が安定していることを確認できるし、ほんの2～3の短期的なアウトパフォーマンスに依存するかどうかも判断できる。特に、最悪のシナリオは過去のデータ量に大きく依存する。統計学者のW・エドワーズ・デミングはかつて次のように言った――「神の言葉ならわれらは信じる。その他の場合は、データを持ってきなさい」。これらを念頭に置いて、

絶対モメンタムの根底をなす原理と一致する価格トレンドを判断する別の方法を見てみることにしよう。また、相対モメンタムに改善の余地がないかどうかも調べてみることにする。

絶対モメンタムの再考

　これまで実践家たちは長年にわたって、マーケットタイミングによって価格トレンドを判断する方法をいろいろと試してきた。2000年代の10年間以前は、ほとんどの学者は、マーケットタイミングは機能しないという意見で一致していた。当時のマルキールの言葉はこれを象徴している――「テクニカル分析は学術界にとって受け入れがたいものだ。ついついあら探しをしたくなる」。「マーケットタイミング」という言葉を聞いただけで、大部分の学者と多くの実践家の脳細胞は止まってしまうのだ。

　しかし、1992年にブロックほかによる論文「Simple Technical Trading Rules and the Stochastic Properties of Stock Returns」が発表されてから、テクニカル分析とトレンドフォロー手法に対する学者の態度は変わり始めた。ブロックたちは26のテクニカルトレードルールを、1897年から1986年までのダウ・ジョーンズ工業株平均（DJIA）に適用してみた。その結果、多くのデータを使い、さまざまなサブ期間にわたって堅牢さを求めることで、データスヌーピング・バイアスは減少することが分かった。彼らは、ブートストラップ解析を使って標準的な統計学的テストを拡張した最初のグループでもあった。彼らの研究結果は、テクニカルトレード戦略の使用の有効性を証明するものだった。ところが、ファン、ヤコブセン、チン（2013年）が、ブロックたちが使ったのと同じ26のトレードルールを25年分の新たなデータに適用して再検証したところ、アウトオブサンプル・パフォーマンスはあまり良くなかった。パークとアーウィン（2007

年)は彼らの論文「What Do We Know About the Profitability of Technical Analysis?」のなかで、トレンドフォローの結果についてまとめた。その結果によれば、1988年から2004年にかけて行われたテクニカルトレード戦略の95の研究のなかで、正の結果が出たのは56、負の結果は29、正と負の結果が出たのは19だった。彼らは、ほとんどの実験的研究は、テスト手順のなかで、データスヌーピング、ルールの事後選択、リスクと取引コストを考慮しないといった問題があると結論づけた。

もっと最近になって、バジグロウィッツとスカイレット(2012年)は、7846のトレードルールを1897年から2011年までのダウ平均の日々のデータに適用してみた。データスヌーピング・バイアスや偽発見率(FDR)をその都度修正しながら検証を行った結果、投資家たちは事前にベストパフォーマンスをもたらすルールを選ぶことはできないことを発見した(偽発見率を使うメリットは、クロスセクション依存性に対して堅牢であることだ。より詳しくは、バラスほか[2010年]、ベンジャミニ、クリーガー、イェクティエリ[2006年]を参照)。取引コストを含めると、利益は消えてしまうのだ。

ファン、チン、ヤコブセン(2014年)も同様の検証を行った。彼らは54年分のS&P500のデータに93の市場インディケーター(50のマーケットセンチメントと43のマーケット・ストレングス・インディケーター)を適用してその収益性を調べてみた。取引コスト差引後のリスク調整済みベースでは、S&P500のバイ・アンド・ホールドをアウトパフォームするインディケーターは1つもなく、将来的に利益が出ることを証明することもできなかった。

新しいトレードルールを見つけるのにデータマイニングを使うのは危険だと思っている。ブートストラップ分析は、特に適切な量のデータを使っているときは、信頼水準を確立するのに役立つが、市場がどんなふうに機能するかについての現実的ではない前提に基づいている。

具体的に言えば、正確な時系列ブートストラップ・シミュレーションは、データのエルゴード性と定常性に依存するということである。金融市場は定常的ではなく、エルゴード性もなく、価格が急騰したり分散が無限だったりといったこともあるため、ブートストラップ・シミュレーションには潜在的な問題があるかもしれない。

絶対モメンタムはシンプルで堅牢だ。したがって、実証されていない不確かな代替的トレンドフォロー手法よりも優れている。これを念頭に置いて、絶対モメンタムについて私たちが知っていることに一致する、このほかのトレンドフォローアプローチをいくつか見ていくことにしよう。

バルタスとコソウスキー（2012年）は、1975年12月から2013年2月までの75の先物データを使って、絶対モメンタムのトレンドを判断する代替的手法を考案した。彼らは、前の12カ月のリターンの方向を見ることで絶対モメンタムを判断する通常の方法と、過去12カ月にわたって日々の価格のトレンドラインを引き、その傾きのt値に基づく代替手法とを比較してみた。彼らの代替手法は絶対モメンタムの取引コストを3分の1に削減することができた。2つの手法のシャープレシオは取引コスト差引前はほぼ同じだったが、取引コストを差し引くと、コモディティと債券については代替手法のほうが良かった。

移動平均を使ったトレンドフォロー

移動平均は価格のトレンドを判断するのに実践家たちに長年使われてきた人気の手法だ。1930年代にガートレー（1935年）が移動平均について書いているが、200日移動平均を普及させたのはウィリアム・ゴードン（1968年）である。彼は1897年から1967年までのデータを使って、ダウ平均が200日移動平均線を上回るときに株を買えば、下回ったときに買ったリターンの7倍のリターンになることを示した。

学者の間では、マーケットタイミングのための移動平均は、近年ある程度認められ、支持されてきた。ペンシルバニア大学ウォートンスクールのジェレミー・シーゲルはその著書『シーゲル博士の株式長期投資のすすめ』（日本短波放送）のなかで、200日移動平均をボラティリティ低減フィルターとして紹介している。ファーバー（2007年）は、200日移動平均をそれと等価な10カ月移動平均に置き換えて、価格が10カ月移動平均を上回っているときはロングポジションを保持し、下回ったらポジションを手仕舞うという手法を提唱した。これによって、日々の移動平均線を使っているときに発生するちゃぶつき損失やトレード数を減らすことができる。

　10カ月移動平均だろうが、200日移動平均だろうが、移動平均線の長さが長くなればデータマイニング問題が発生する。ブロックほか（1992年）、シーゲル（2014年）、ファーバー（2007年）によれば、10カ月あるいは200日移動平均は歴史的に実践家たちの間で最も人気があったが、実践家たちは試行錯誤のうえ、この長さにたどり着いたのである。

　ファーバーの論文「A Quantitative Approach to Tactical Asset Allocation」が発表されてから、10カ月移動平均線ルールが注目されるようになった。彼の論文は、このカテゴリーではSSRN（Social Science Research Network）でのダウンロード数が最も多かった。この論文に続いて多くの論文が発表され、ファーバーとリチャードソン（2009年）は本も書いている。そして実践家の多くが10カ月移動平均線アプローチを使うようになった。

　ここで10カ月移動平均と私たちの絶対モメンタム戦略を比較してみよう。**表9.1**は1974年から2013年までのS&P500に10カ月移動平均線、12カ月移動平均線（この移動平均線を使う実践家もいる）、12カ月絶対モメンタムを適用した結果を示したものだ。いずれの戦略も、株に投資していないときは、USアグリゲート・ボンドに投資している。

表9.1　S&P500の絶対モメンタムと移動平均（1974～2013年）

	12カ月絶対モメンタム	10カ月移動平均	12カ月移動平均	S&P500（フィルターなし）
年次リターン	14.38	14.16	14.29	12.34
年次標準偏差	12.23	12.13	12.23	15.59
年次シャープレシオ	0.69	0.68	0.68	0.42
最大ドローダウン	−29.58	−23.26	−23.26	−50.95

　どの戦略も結果は非常に似通っている。絶対モメンタムは株式に70％投資し、40年間におけるトレード数は31回だ。平均すると年に0.83回ということになる。一方、10カ月移動平均は株式に74％投資し、40年間におけるトレード数は49回で、平均すると年に1.2回になる。したがって、取引コストは絶対モメンタムの方が少ない。ただし、**表9.1**には取引コストは含まれていない。

　移動平均も絶対モメンタムもノイズを減らしてトレンドを判断する。ノイズを減らすことが重要であることに最初に気づいたのは、イギリスの化学者、フランシス・ガルトン卿（チャールズ・ダーウィンのいとこ）だった（1906年。標準偏差、相関係数、平均回帰という概念を発見したのもガルトン）。ガルトンは死んだ牛の重さを推定する品評会に出席した。800人が参加したその品評会で見事優勝したガルトンは、ほかの人が推定した数値を見せてほしいと言った。ほとんどの推定量は実際の重さから大きく外れていたにもかかわらず、実際の重さが1196ポンドであるのに対して、800人の推定の平均は1197ポンドだったことにガルトンは驚いた。ノイズのなかに真のシグナルが隠されていたわけである。見かけがランダムでも、平均は意味をなすのである。

　絶対モメンタムは時間における２つの基準値を見ることでノイズを

減らす。つまり、今日の価格が12カ月前の価格よりも高いか低いかを見るわけである。これに対して、移動平均はガルトンがやったように、平均を取ることでノイズを減らす。

企業価値評価によるマーケットタイミング

　例えば、シラーの10年景気循環調整後PER（CAPE）といった企業価値評価によって、市場のタイミングを図ることができると信じている実践家もいる。10年景気循環調整後PERは、S&P500を収益の10年平均で割ったものである。そして、現在の10年景気循環調整後PERをその長期平均（およそ17）と比較する。投資家が求めているのはこの平均への回帰である。歴史的にみると、10年景気循環調整後PERが10を下回れば、将来的な年次株式リターンは20％を超え、10年景気循環調整後PERが20を上回れば将来的な年次株式リターンはわずか5％だ。

　今の10年景気循環調整後PER水準はおよそ26で、これは米国株式市場が歴史的な標準に比べて高いことを示している。と言っても、株式市場がブル相場の天井にあるという意味では必ずしもない。1999年から2000年にかけて10年景気循環調整後PERは40を超えたので、10年景気循環調整後PERが現在の標準とほぼ同水準だった1996年に手仕舞った人は、米国株式市場が２倍以上になるのを見ることはできなかっただろう。ブル相場の最後の３分の１では劇的に上昇することが多く、人々が熱狂し価格は放物線状に上昇することに気づいたのはポール・チューダー・ジョーンズだ。企業価値評価でマーケットタイミングを図ろうとした人は、この機会を逃した可能性が高い。

　さらに、企業収益の通常値は時間とともに変わってきたし、過去の10年景気循環調整後PERはデータに過剰適合してきた可能性もある。企業価値評価では、将来的なリターンがどれくらいになるかのおおよ

表9.2 AQRモメンタム、ラッセル1000、絶対モメンタム（1980～2013年）

	AQRモメンタム	ラッセル1000	絶対モメンタムを適用したラッセル1000
年次リターン	15.14	13.09	15.92
年次標準偏差	18.27	15.51	12.57
年次シャープレシオ	0.51	0.49	0.80
最大ドローダウン	−51.02	−51.13	−23.41

その目安しか分からない（過去20年にわたる10年景気循環調整後PERは20を超え、過大評価されてきた。もっと詳しく知りたい人は、http://philosophicaleconomics.wordpress.com/2014/06/08/sixpercent/を参照）。

相対モメンタムの再考

モメンタム研究の大部分は個別株に焦点が当てられ、相対モメンタムの実践的応用でも個別株が用いられる。したがって、モメンタムを個別株に適用してみたいと思う。幸運にも、AQRキャピタル・マネジメントLLCのモメンタムベースの株式インデックスデータは無料で入手できる（AQRキャピタル・マネジメントLLCのウェブサイトhttp://www.acrindex.com を参照）。

AQRモメンタムインデックスは、1カ月の遅延を含む12カ月の相対モメンタムに基づく時価総額トップ1000の銘柄の3分の1で構成されている。AQRはインデックスのポジションを時価総額で重み付けし、ポジションは四半期ごとに見直す。

表9.2は、AQRモメンタムインデックス、ラッセル1000インデックス、AQRモメンタムインデックスが開始された1980年1月からのラッセル1000インデックスに適用した12カ月絶対モメンタム（安全資

産としてアグリゲート・ボンドを含む）のパフォーマンスを示したものだ。

AQRモメンタムインデックスの取引コストは年間0.7％だが、インデックスのリターンや**表9.2**には含まれていない。

表9.2を見ると分かるように、AQRモメンタムインデックスのリターンはラッセル1000インデックスを上回るが、AQRモメンタムインデックスはこの33年にわたってボラティリティも高い。シャープレシオと最大ドローダウンはほぼ同じだ。年間0.7％の取引コストを含めれば、AQRモメンタムインデックスはリスク調整ベースではラッセル1000を下回ったはずだ。

絶対モメンタムをラッセル1000に適用したものを見ると、リターンはAQRモメンタムやラッセル1000よりも高く、標準偏差と最大ドローダウンははるかに少ない。また、シャープレシオも高い。また、絶対モメンタムでは取引コストはほとんど無視できるし、ポートフォリオの管理コストも発生しない。低コストで広範にわたる株価指数にシンプルな絶対モメンタムを適用したものを無視して、個別株のモメンタム戦略を使う理由はないはずだ。

アスネス、フラツィーニ、イスラエル、モスコウィッツは2014年の論文「Fact, Fiction, and Momentum Investing」で、個別株へのモメンタムの適用は、モメンタム株とバリュー株を組み合わせれば、たとえリターンがゼロでも価値があると述べている（この論文はモメンタムについての神話や誤解が間違っていることを示した）。なぜなら、バリュー株とモメンタム株は負の相関を持つからだ。

表9.3は、AQRモメンタムインデックス、ラッセル1000バリューインデックス、アスネスほか（2013年）で使われたモメンタム株とバリュー株を50対50で組み合わせたものを示したものだ。モメンタム株とバリュー株を組み合わせたものは、バリュー株のみやモメンタム株のみよりもシャープレシオは若干高い。しかし、最大ドローダウンに

表9.3　AQRモメンタム、ラッセル1000バリュー、モメンタム株とバリュー株が50対50（1980～2013年）

	AQRモメンタム	ラッセル1000バリュー	モメンタム株とバリュー株が50対50	絶対モメンタムを適用したラッセル1000
年次リターン	15.14	13.52	14.33	15.92
年次標準偏差	18.27	14.87	15.71	12.57
年次シャープレシオ	0.49	0.53	0.55	0.80
最大ドローダウン	−51.02	−55.56	−51.47	−23.41

関してはほとんど変わらず、リターンはラッセル1000インデックスに絶対モメンタムを適用したものよりも低い。

　さらに、アスネスほか（2014年）の２人の著者、イスラエルとモスコウィッツは2013年の論文で、よく使われるバリュー株は機関投資家が普通使わない小型株に適用したとき、プレミアム程度の効果しかないことを示した。

　個別株モメンタムを改善して、利用価値の高いものにする方法はないだろうか。レラティブストレングス・モメンタムの改善法について書かれた研究論文はいくつかあるが、個別株にとって有望な４つの改善法を見ていきたいと思う。これらのうち２つの改善法は市場インデックスや、株式以外の資産にも適用できる。これらの改善法について詳しく知りたい人は参考論文をダウンロードしてもらいたい。ただし、データマイニングやモデルの過剰仕様についての注意点には十分注意してもらいたい。

52週高値への近接

　1950年代、ドレイファスとダーバスは高値を更新した株式に投資することの利点を説いた。また、ジョージとウォンは2004年の論文「The

52-Week High and Momentum Investing」で、モメンタム投資の利益の大部分は52週の高値で説明がつくことを示した。彼らは1963年から2001年までの米国株を使って、現在の株価と52週の高値の比を計算し、52週の高値に近いものと過去6カ月の最高リターンに基づく利益は、過去6カ月の最高リターンだけに基づく利益よりも高いことを示した。52週の高値に近いものが過去のリターンの予測力になるということである。そこで著者たちは52週の高値に近い株式は最近良い材料があった株式であると仮定した。もしこれが52週の高値の近くにあることが効果的である理由ならば、52週の高値に近いことは、ニュースにあまり敏感でない株価指数や資産クラスよりも個別株のほうがより効果的ということになる。

価格モメンタム、利益モメンタム、収益モメンタム

チェンほか（2014年）の2013年の論文「Does Revenue Momentum Drive or Ride Earnings or Price Momentum?」は、価格、利益、収益モメンタムに基づく戦略の、単独での収益性とこれらを組み合わせたときの収益性を調べたものだ。彼らは1974年から2007年までの米国株のデータを使って、通常行われるように、過去の株式リターンに基づく価格モメンタムを測定した。また彼らは過去の利益と過去の収益に基づいて利益モメンタムと収益モメンタムも測定した。ロング・ショートのヘッジポートフォリオを使ったとき、平均利益が最も大きかったのは価格モメンタムで、次が利益モメンタムが、平均利益が最も少なかったのは収益モメンタムだった。これら3つのモメンタム戦略のなかに特に優勢なものはなかった。つまり、どの戦略もある程度の排他的な情報を含んでいたということである。著者たちは3つのファクターを五分位数に分類し、各ファクターの第一の五分位数をダブルソートした。3つのファクターのうちの2つをダブルソートしたヘッ

ジポートフォリオは、シングルソートのポートフォリオを平均的にアウトパフォームした。また、3つのファクターのすべてをトリプルソートしたポートフォリオは、すべてのダブルソートのポートフォリオをアウトパフォームした。収益モメンタムと利益モメンタムでは、価格モメンタム効果のわずか19％しか説明できなかった。したがって、最も重要なファクターは価格モメンタムということになる。総合的に言えることは、過去のリターン、利益、収益モメンタムを組み合わせた戦略は、これらのファクターの1つあるいは2つを使った戦略をアウトパフォームするということである。このアプローチには利益と収益の情報が含まれているため、これが適用できるのは株式のみで、ほかの資産クラスには適用することはおそらくはできないだろう。

モメンタムの加速

チェンとユーの2013年の論文「Investor Attention, Visual Price Pattern, and Momentum Investing」は、モメンタムが加速し、投資家の注目を集め、過剰反応を誘発し、モメンタム効果を増幅させる過去の株価の目視的パターンを調査したものだ。

彼らは1962年から2011年までの米国株を使って、日々のリターンと時間の2分の1乗との回帰分析を使って、価格の軌跡の曲率を求めた。係数が正であれば価格の軌跡の曲率は凸状で、係数が負であれば価格の軌跡の曲率は凹状ということになる。

曲率に基づいて株式を分類したところ、曲率が凸状(上方に加速)でモメンタムが正の株式の総利益と3ファクターアルファは、曲率が凹状でモメンタムが正の株式の総利益とアルファよりも高いことが分かった。つまり、曲率が凹状で正のモメンタムを持つ株式を無視することが、高いモメンタムリターンを得る鍵になることが分かったわけである。

ドチャッティーとハースト（2014年）も1992年から2011年までのデータを使って、オーストラリアの株式市場で似たような調査を行った。彼らは最近のパフォーマンスの、12カ月幾何平均リターンに対する傾きを測定した。彼らはこの短期の相対パフォーマンスを「トレンドサイレンス」と呼んだ。トレンドサイレンスと従来のモメンタムのダブルソート分析を行ったところ、従来のモメンタムよりもトレンドサイレンスと従来のモメンタムを組み合わせたアプローチのほうがパフォーマンスがよいことが分かった。曲率あるいはトレンドサイレンスとして表される加速モメンタムは個別株だけでなく、株価指数やほかの資産クラスでも有効に使えるかもしれない。

フレッシュモメンタム

　チェン、カダン、コーズ（2009年）は論文「Fresh Momentum」のなかで、フレッシュウィナーを、前の12カ月は最も強かったが、その前の12カ月は比較的弱かった株と定義している。これに対して、ステールウィナーとは前の12カ月もその前の12カ月も強かった株のことを言う。1926年から2006年までの米国株について、1カ月から12カ月（最も直近の月は除く）と13カ月から24カ月の相対的な価格の強さを五分位数でダブルソートしたところ、フレッシュウィナーがステールウィナーを1カ月当たり0.43％アウトパフォームすることが分かった。このフレッシュモメンタム・アプローチは、個別株だけでなく、株価指数やほかの資産クラスにも適用できる。

グローバル・バランスト・モメンタム

　以前、デュアルモメンタムはグローバル・エクイティ・モメンタム（GEM）モデル以外でも使える可能性があると言ったが、次に述べ

る2つの独自モデルは、デュアルモメンタムを使って私が開発したモデルである。

　最も簡単なデュアルモメンタムの拡張は、第8章で述べた保守的な投資家の資産配分である。保守的な投資家はGEMに70％、米国アグリゲート・ボンドに30％、永久的に配分する。最初のモデルは、債券部分を常に米国アグリゲート・ボンドで保有するのではなく、デュアルモメンタムを使って次のなかから代替投資を選ぶ。代替投資として選ぶものは、バークレイズ・キャピタル・US・ロング・トレジャリー、バンク・オブ・アメリカ・メリル・リンチ・グローバル・ガバメント、バンク・オブ・アメリカ・メリル・リンチ・US・キャッシュ・ペイ・ハイ・イールド、90日物米国Tビルだ。

　このデュアルモメンタム・グローバル・ストック・ボンド戦略を、グローバル・バランスト・モメンタム（GBM）モデルと呼ぶ。GBMは70％はGEMと同じように株式に投資するが、確定利付分の30％はデュアルモメンタムを使って、先ほど述べた債券インデックスのなかから選ぶ。株式が弱いときは、株式部分も、債券部分も、前に述べた債券インデックスで代替投資できる。債券インデックスを選ぶときには、ルックバック期間で最も強かったものを選ぶ。

　GBMは従来の株式・債券バランスト・ポートフォリオに比べると非常に有利だ。株式が60％で債券が40％の従来のポートフォリオの平均リターンは、1900年以降の11の10年期間のうち7つの10年期間で、インフレ率にかろうじて追随している状態だ。通常の60/40株式・債券バランスト・ポートフォリオは、過去114年のうちのほぼ4分の1の時間帯で10年ローリング期間での実質リターンは負だった。また、厳しいドローダウンが長引くのも普通で、ドローダウンが66％や55％のときもあった。

　表9.4と**図9.2**はGBMとベンチマーク（70％がGEMで30％がUSアグリゲート・ボンド、70％がACWIで30％がUSアグリゲート・ボンド、

表9.4　GBMとベンチマークの比較（1974～2013年）

	GBM	GEMが70%、アグリゲート・ボンドが30%	ACWIが70%、アグリゲート・ボンドが30%	S&P500が60%、アグリゲート・ボンドが40%
年次リターン	16.04	14.52	8.59	10.58
年次標準偏差	10.06	9.50	11.37	10.15
年次シャープレシオ	0.98	0.90	0.28	0.49
最大ドローダウン	−16.83	−15.46	−45.74	−32.54

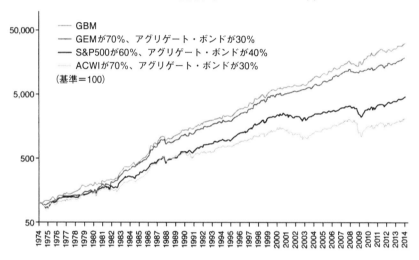

図9.2　GBMとベンチマークの比較（1974～2013年）

　60％がS&P500で40％がUSアグリゲート・ボンドの典型的なバランスト・ポートフォリオ）のパフォーマンスを比較したものだ。デュアルモメンタムを確定利付分に適用すると、70％がGEMで30％がUSアグリゲート・ボンドのポートフォリオは年次リターンが150ベーシスポイント以上上昇する。60対40株式・債券バランスト・ポートフォリオと比べると、GBMはシャープレシオが2倍で、最大ドローダウンは

わずか半分だ。GBMは従来の株式・債券バランスト・ポートフォリオに比べると、期待リターンは高く、リスクは低い。GBMは、30％以上を債券に固定的に投資することなく、60対40株式・債券バランスト・ポートフォリオよりも最大ドローダウンが大幅に低減している。

デュアルモメンタム・セクターローテーション

モスコウィッツとグリーンブラット（1999年）は、株式モメンタムの利益の最大の源泉は産業要素であり、モメンタム戦略は産業リスクの補償になると仮定し、産業ベースのモメンタム戦略を構築したところ、平均月次リターンは個別株モメンタム戦略と同じだった。しかし、産業ベースのモメンタム、つまり密接な関係のある産業セクターは、個別株モメンタムよりも実行が簡単で、取引コストははるかに低い。

私の好きなデュアルモメンタム戦略は、最も強い株式セクターをローテーションするというものだ。モーニングスターは米国の株式市場を11の重複しないセグメントに分けている。11のセグメントは、テクノロジー、工業、エネルギー、コミュニケーションサービス、不動産、金融サービス、景気連動型消費財、素材、公益事業、生活必需品、医療だ。

デュアルモメンタム・セクターローテーション（DMSR）モデルでは、相対モメンタムを使ってパフォーマンスの高いセクターの均等加重バスケットを選ぶ。絶対モメンタムで米国株が下降トレンドにあることが判明したら、DMSRは株式の投資分をすべてバークレイズ・キャピタル・US・アグリゲート・ボンド・インデックスに移す。**表9.5**と**図9.3**はDMSRとベンチマークのパフォーマンスを比較したものだ。ベンチマークとしては、S&P500、株式セクターの均等加重ポートフォリオを1カ月ごとにリバランスしたポートフォリオ、77％を株式セクターの均等加重ポートフォリオに投資し、残りの23％をアグ

表9.5 DMSRとベンチマークの比較（1993～2013年）

	DMSR	S&P500	セクターの均等加重	セクターの均等加重＋アグリゲート・ボンド*
年次リターン	17.93	10.49	11.45	10.17
年次標準偏差	12.24	14.91	13.36	10.39
年次シャープレシオ	1.13	0.48	0.60	0.66
最大ドローダウン	−17.21	−50.95	−47.50	−37.83

＊ 77％が均等加重、23％がアグリゲート・ボンド

図9.3 DMSRとベンチマークの比較（1993～2013年）

リゲート・ボンドに投資したポートフォリオを使う。最後のベンチマークを含めたのは、DMSRは全般的に77％を株式に投資し、23％をアグリゲート・ボンドに投資するからである。データはモーニングスターが米国株セクターを開始した1992年1月からのものを使っている。

図9.4　セクターローテーション――絶対モメンタムと相対モメンタム（1993～2013年）

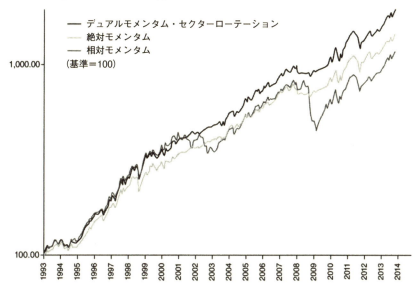

セクターを1カ月ごとにリバランスすることで、S&P500以外のポートフォリオでは平均回帰による利益が得られる（リバランスによる利益については、ブースとファーマ［1992年］を参照）。

図9.4は相対モメンタムと絶対モメンタムのDMSRへの寄与度を示したものだ。絶対モメンタムのほうが相対モメンタムよりも、高いリターンと少ないドローダウンに貢献していることが分かる。11の均等加重の株式セクターへの仕掛けと手仕舞いに絶対モメンタムを適用することでリターンの向上とドローダウンの低減が得られ、相対モメンタムからもリターンの向上を得られることがある。これがデュアルモメンタムを使うメリットだ。またDMSRは、市場が天井を付ける前に生活必需品や公益事業などのディフェンシブセクターにローテーションすることによって、ポートフォリオリスクのイクスポージャーも減

少させることができる。ディフェンシブセクターは、市場が天井を付けてからもしばらくは株価はその水準を維持することが多いため、トレンドフォローの絶対モメンタムによってすべての株式ポジションを手仕舞うまで、しばらくの間はディフェンシブセクターに投資することで利益を得ようというわけである。

今やらなければならないこと

　デュアルモメンタムを使う方法はいろいろある。絶対モメンタムはリスクの低減に役立つため、ボラティリティやドローダウンの低減につながらないような意味のない分散化のあい路にはまり込むことなく、米国株のように高いリスクプレミアムを提供してくれる市場に投資することが可能になる。私自身はより高度なモメンタムモデルを開発して使っているが、一般の投資家にとって第8章で紹介したシンプルなGEMモデルでも十分利用価値はある。GEMモデルはシンプルで、実行が簡単で、過剰適合バイアスの心配もない。3つのデュアルモメンタム・モデル（GEM、GBM、DMSR）の最新の月次パフォーマンスは私のウェブサイト（http://www.optimalmomentum.com/index.html）で閲覧することができるのでぜひ利用してもらいたい。

第10章　最終的考察
Final Thoughts

> 「ボク、大丈夫？」──アルフレッド・E・ノイマン

　ジョン・メイナード・ケインズはかつて「経済学者は、謙虚に問題解決に尽力する歯科医のようになるべきだ」と言った。歯医者がどんなものなのか私には分からないが、ウォーレン・バフェットも「ほかの分野のプロ、例えば歯医者は人々に多くのものをもたらすが、プロのマネーマネジャーからは何も得られない」と言っている。

　残念ながら、私は歯医者になるには年を取りすぎている。その代わりに思いついたのが、デュアルモメンタムだ。デュアルモメンタムは面白くて、やりがいのあるアドベンチャーだ。

　ユージーン・ファーマは、モデル開発の目的は、始めたときよりも市場についてより多くのことを学ぶことだ、と言った。デュアルモメンタムについてはまさにこれに尽きる。

　チャールズ・ダーウィンは、「最も強い者が生き残るのではなく、最も賢い者が生き延びるのでもない。唯一生き残ることができるのは、変化に適応できる者である」と言った。デュアルモメンタムは変化に適応できなければ何の意味もない。相対モメンタムは最高のパフォーマンスを上げる資産を選び、絶対モメンタムは絶えず変化する市場状態に適応することで市場のダイナミズムに波長を合わせる。適応こそが、長期的な成功と生き残りへの道なのである。

　ラオ・ズーによれば、物事を管理する最良の方法は、本来備わって

いる性質を利用することである。デュアルモメンタムはそれを可能にしてくれる。私たちは市場状態の変化に従って市場イクスポージャーをダイナミックに変えると同時に、投資家の行動バイアスを利用して、レラティブストレングスによる高いリターンをとらえることができるのだ。ウォール街でよく言われる諺に、ブルマーケットは心配の壁をのぼる、というものがあるが、デュアルモメンタムは「心配するな。ハッピーになれ」という言葉がぴったりだ。私たちがやるべきことは、モデルに従うだけである。

古い投資パラダイム

　個人投資家は甘い考えで投資する。予言者の言葉にしたがって意思決定する人もいる。しかし、これは古い投資パラダイムだ。ウォーレン・バフェットもこれについて次のように述べている――「株式予測に価値があるとするならば、それは占い師が素晴らしいものに見えてくることだ」。スタージョンの法則にもあるように、「どんなものも、その90％はカスである」。個人投資家はオーバートレードし、分散化はあまりやらず、誤った行動に陥ることが多い。

　アクティブ運用投資を使うことで他人に意思決定をやらせれば、手数料は高くつく。彼らもオーバートレードし、個人投資家と同じような行動バイアスに陥る者もいる。

　ポートフォリオのボラティリティとドローダウンを低減するのに債券を使うのも古いパラダイムだ。債券市場がブル相場だった過去30年はよかったかもしれないが、今それをやるのは賢い選択とは言えない。株式のボラティリティの低下をほかのリスクで置き換えるリスクパリティはこれの極端な例で、今の低金利環境ではあまりよい考えとは言えない。

　「キッチンシンク以外のすべてのもの」を分散化するというのも、

将来的には期待外れに終わるだろう。分散化しすぎれば、リスクプレミアムがなくなるため、平凡な結果しか得られない。ウォーレン・バフェットが言うように、「分散投資は富を守り、集中投資は富を築く」のである。

学術研究に注目してきた人は、バリュー投資と小型株投資はもはや異常なほどの利益機会を与えてくれないことに気づいているはずだ。スマートベータにも同じことが言える。スマートベータはけっしてスマート（賢明）ではないのだ。

古いパラダイムの下で成功を収める可能性のある人は、ウォーレン・バフェット、チャールズ・シュワブ、ジョン・ボーグル、バーナード・マドフ（証券詐欺により連邦刑務所で150年の刑に服役しているモドフに、ある人が推奨する投資について尋ねた。http://www.valuewalk.com/2013/06/madoff-recommends-index-funds/ を参照）らによって推奨される低コストのパッシブ運用インデックスファンドに投資する人である。しかし、パッシブ運用のインデックスファンドも大きなドローダウンを被る。また、パッシブ運用インデックスファンドは感情的な反応を引き起こし、投資家に不適切なときにバカな行動を取らせてしまうこともある。

新しい投資パラダイム

うまくいくときもあればうまくいかないときもあるこの古いパラダイムに対して、私たちの新しいデュアルモメンタム・パラダイムは市場の力とうまく調和することができる。デュアルモメンタムは現実の世界で機能するシンプルな考えを取り入れ、実行も簡単だ。

近視眼的な損失回避と短期リターンにあまりに固執しすぎる投資家は、長期的な富を最大化するために必要以上に債券に投資する。株式を回避することで、株式のリスクプレミアムは上昇する。

デュアルモメンタムでは株式、特に米国株に対する投資比率を増やすことで、この高いリスクプレミアムをとらえることができる。株式よりも期待リターンの低い債券も使うが、これを使うのは株式が弱く、債券を持ったほうがよいと思えるときだけである。

　私たちの新しいパラダイムでは、市場間トレンドを利用してリターンを向上させるために相対モメンタムを使う。私たちの新しいパラダイムでもっと重要なのは、絶対モメンタムを使うことである。絶対モメンタムはそのトレンドが正であることを確認し、相対モメンタムだけを使うときに存在する大きなドローダウンを低減してくれる。

　高い期待リターンと低い期待リスクを達成するためのエレガントな組み合わせが、相対モメンタムと絶対モメンタムの組み合わせ、つまりデュアルモメンタムなのである。デュアルモメンタムを使えば、感情バイアスや行動バイアスを意思決定プロセスからなくすことができる。デュアルモメンタムは、これらのバイアスに悪影響を及ぼさせるのではなく、これらのバイアスを利用することを可能にしてくれるのである。

モメンタム効果の持続

　さまざまな市場やさまざまな資産クラスにわたる過去200年のモメンタムのアウトパフォーマンスを見ると、モメンタムアノマリーは一時的なものではないことが分かるはずだ。デュアルモメンタムは非常に素晴らしいものなので、多くの人がそれを発見して使うようになると、その効果はなくなってしまうのではないかと思う人もいるかもしれない。もちろん、どんなアノマリーでも多くの人がそれを発見すれば収益性は減少する。しかし、モメンタムの背景にある行動バイアスは根強く、人間の本質というものはそんなに簡単に変わるものではない。また、人間には慣性力というものがあり、無知も延々と続くため、

大部分の人が突然目覚め、熱心なモメンタム投資家になるとも思えない。このため多くの投資家はモメンタムに沿ってトレードするのではなく、トレードに反したトレードを行い続ける可能性が高い。

　これを裏づける話がいくつかある。アクティブ運用のファンドのパフォーマンスが、パッシブ運用のファンドのパフォーマンスよりも悪いのは、主としてアクティブ運用にコストがかかるためだ（これは株式だけでなく、債券についても言える。ブレイク、エルトン、グルーバー［1993年］を参照）。人々はこれに長い間気づいていたが、今でもすべてのファンドの70％以上がアクティブ運用だ（ゲナイオリ、シュレイファー、ビシュニー［2012年］によれば、投資家がアンダーパフォームしているアクティブマネジャーに余分な手数料を支払うのは、彼らに対する信頼が投資リスクに対する懸念を減少させているからだ）。また、ETF（上場投信）は日中での流動性、低い経費率、税制上の優遇などによって、投資信託よりも優れているが、投資信託に対する投資額が14.8兆ドルであるのに対して、ETFに対する投資はわずか1.62兆ドルである。

　モメンタムも同じである。私がデュアルモメンタムを説明した人のなかには、デュアルモメンタムを「最大のアノマリー」とは考えず、コア投資戦略というよりニッチとしてとらえる人もいる。これにはいくつか理由がある。まず、私が優れたコミュニケーターではないということが挙げられる（本書を買ってくれた人は、私をこんなふうには思っていないと思っているが）。もう１つは、新しいものに対してはアンカリングや保守性バイアスといった行動バイアスが働くのが普通だからだ。投資家は学習速度が遅く、よく知らないものよりもよく知っているものを好む傾向がある。それに懐疑主義もある。絶対モメンタムのようなトレンドフォローの有効性を疑っている人もいるのだ。さらに、デュアルモメンタム投資を真に理解するためには、ある程度の時間とエネルギーを投資する必要がある。本書はその役目を果たし

てくれるのではないかと思っている。時間をかけて努力する人は、ほかの投資家よりもきっと有利な立場に立てるはずだ。

課題と機会

デュアルモメンタムがベンチマークをアンダーパフォームする時期も必ずある。そういったとき、投資家たちは大局を見失い、長期的に見るとけっしてためにはならない行動を取ってしまう傾向がある。デュアルモメンタム投資家にとっての最大の課題は、モデルに忍耐強くかつ規律正しく従い続けることができるかどうかである。付加価値を加えるのが不可能なときにも、付加価値を加えたくなるのが人間だ。自信過剰によって、自分たちの意見に重きを置きすぎるため、「向上」しようという努力は結局逆効果になってしまうこともよくある。

グローブほか（2000年）は、さまざまな分野にわたる136の論文のメタ分析（分析の分析）を行った。このなかで彼らは定量モデルと専門家の判断の正確さを比較した（専門家とアルゴリズムの分析についてもっとよく知りたい人は、テトロック［2005年］を参照）。分析の結果は、94％の時間帯でモデルのほうが専門家よりも優れていることが分かった。定量モデルよりも人間の判断が優れているとする論文は8つしかなかったが、この8つのケースでは、専門家たちは定量モデルでは入手できない情報を使っていた。専門家に定量モデルの結果を与えても、モデルが専門家をアウトパフォームした。結局、すべての論文で定量モデルが勝ったわけである。グローブほかによれば、「人間は臨床判断でも多くの過ちを犯す。例えば、基準率を無視したり、手掛かりに最適ではないウエートを割り当てたり、平均回帰を考慮しなかったり、共変動を適切に評価しなかったりといった過ちだ」（定量モデルが専門家よりも優れているほかの例については、ジェームズ・モンティエの「Global Equity Strategy : Painting by Numbers---

An Ode to Quant」[http://www.thehedgefundjournal.com/node/7378]を参照）。

　ルネッサンス・テクノロジーの創始者で、メダリオン・ファンドを創設したジム・サイモンズは億万長者でもあるが、この地球上で最高のシステムトレーダーの1人だ。ヘッジファンドの運用による彼の2013年の個人収入は22億ドルだった。サイモンズは言う——「もしモデルを使ってトレードするつもりなら、そのモデルに奴隷のように従うべきである。モデルがどんなにスマートやバカに思えても、モデルが言うことには何でも従うべきだ」（2010年にMITで行ったスピーチ「Mathematics, Common Sense, and Good Luck : My Life and Career」より [http://video.mit.edu/watch/mathmatics-common-sense-and-good-luck-my-life-and-careers-9644/を参照］）。

　私はデュアルモメンタムの経験を通じて、いろいろな市場状態に適応できる、実証された規律あるアプローチに断固として従うことの重要性を学んだ。また、私はデュアルモメンタムにはかなわないことを認識した。だから、デュアルモメンタムのことは最良の投資フレンドだと考えることにしている。

　リチャード・ドライハウスの言葉を借りれば、「株式市場は女性のようなものだ。よく観察し、反応し、尊敬しなければならない」(http://www.traderslog.com/richard-driehaus-profile/を参照）。しかし、これは言うほど簡単ではない。私の前の奥さんに聞くとよく分かるはずだ。

　デュアルモメンタムはこれを達成するための1つの枠組みを与えてくれるものだ。デュアルモメンタムは市場の力に適切に、自信を持って反応することを可能にしてくれた。デュアルモメンタムはあなたにも力を貸してくれるはずだ。ヴィクトル・ユーゴーの言葉で言えば、「未来はいくつかの名前を持っている。弱き者には『不可能』、憶病者には『未知』、思慮深く勇敢な者には『理想』という名を」。デュアルモ

メンタムという名の旅の健闘を祈る。

ご乗車の方はお急ぎください！

　モメンタムはゴルコンダの栄光へと向かう急行列車に乗るようなものだ。全車両がエクイティ（株式）スペシャルだ。もっと速い電車に追いつかれたら、その電車に乗り移る。ときには、すべてのエクイティ列車は止まり、逆方向に動きだすこともある。そんなときは、ゆっくりと着実に走るＴビルという名の古い電車に乗り換える。エクイティスペシャルが再び走り出したら、それに戻って、座り直し、実りある旅を楽しむ。

　私たちを乗せた列車は、自分が特別な能力、技能、知性を持っていて、他人より優れていると思っている元投資信託のファンドマネジャーによってアクティブ運用されているレイク・ウォビゴン快速を追い越す。私たちは、「魚雷が来た！　全速力で回避しろ！」と叫びながらランダムに歩き回る効率的な車掌を乗せたバイ・アンド・ホールド・ラインを追い抜く。バイ・アンド・ホールド・ラインは平坦な道を行くにはよいかもしれないが、丘や谷のあるアップダウンを走るには不向きだ。これは乗客にストレスを与えかねない。

　私たちは、壊れた高価なヘッジ列車や、行き場を失いバカみたいに周回しているロング・ショート・コンベヤーで満杯の操車場を通り過ぎる。コモディティ車掌車はあちこちのでこぼこ道を走り回った挙句、失速している。蒸気機関ハンマーと競争したジョン・ヘンリーやケイシー・"チューダー"・ジョーンズを乗せて意気揚々と走っていたが、今や活力を失ったマネージド・フューチャーズ特別列車も通り過ぎる。

最後に私たちはダンテ駅に到着する。駅には「ここに来た者、すべての希望を捨てよ」と書かれたサインが点滅している。スピーカーからは「頭は混乱しボーッとしている」という声が鳴り響いている。私たちは、何もせずに資産の上に乗っかっている哀れな人々ために歌を歌う。

　野を抜け、岸辺を駆け巡る鐘の音、轟音を聞け。私たちはデュアルモメンタム列車に乗って安全に加速する。その力強いエンジンを見よ、陽気な鐘の音を聞け（J・A・ロフ［1882年］の「The Great Rock Island Route」より）

付録A ── グローバル・エクイティ・モメンタムの月次パフォーマンス

表A.1　GEMのパフォーマンス

	1月	2月	3月	4月	5月	6月	7月	8月	9月	10月	11月	12月	GEMの年次リターン	S&P500の年次リターン
1974	0.4	0.3	-2.5	-1.9	0.8	-2.3	-0.4	-1.4	1.9	4.3	1.0	0.2	0.2	-26.5
1975	4.0	1.7	-1.9	-1.1	2.3	4.8	-6.4	-1.8	-3.1	6.5	2.4	-0.8	6.0	37.2
1976	12.2	-0.8	3.4	-0.8	-1.1	4.4	-0.5	-0.2	2.6	-1.9	-0.4	5.6	23.9	23.9
1977	-4.7	-1.8	0.7	0.9	0.7	1.4	-0.1	1.0	0.0	-0.5	0.9	-0.4	-2.1	-7.2
1978	-0.2	0.4	0.3	0.1	-0.5	4.5	1.1	2.1	3.0	5.8	1.0	-1.0	17.8	6.6
1979	1.9	-0.5	2.3	-0.4	-2.1	2.2	1.2	-0.3	0.4	-6.4	4.8	2.1	5.0	18.6
1980	6.2	0.0	-9.7	11.3	4.7	3.2	-0.5	1.0	2.9	2.0	-2.0	-3.0	15.7	32.5
1981	-4.2	1.7	4.0	-1.9	0.3	-0.6	0.2	-2.1	-0.1	5.9	8.5	-3.7	7.4	-4.9
1982	0.6	2.0	1.3	2.8	1.6	-1.6	4.3	5.5	4.0	5.3	4.0	1.9	36.5	21.5
1983	3.7	2.3	3.7	7.9	-0.9	3.9	-3.0	1.5	1.4	-1.2	2.4	4.2	28.7	22.6
1984	4.5	0.9	9.4	-0.2	-3.1	1.3	4.5	1.7	2.4	4.2	1.8	1.5	32.3	6.3
1985	2.3	1.2	0.1	-0.1	5.8	1.6	-0.1	3.2	5.9	6.8	4.1	4.8	41.5	31.7
1986	2.5	11.1	14.1	6.6	-4.4	6.8	6.2	9.9	-1.0	-6.7	5.8	5.3	69.9	18.7
1987	10.6	3.0	8.2	10.6	0.0	-3.2	-0.2	7.5	-1.6	-14.0	1.0	1.4	23.0	5.3
1988	3.5	1.2	-0.9	-0.5	-0.7	2.4	-0.5	0.3	2.3	1.9	5.6	0.6	15.9	16.6
1989	2.0	0.4	-1.7	5.2	4.0	-0.6	9.0	2.0	-0.4	-2.3	2.0	2.4	23.8	31.7
1990	-6.7	1.3	2.6	-2.5	9.8	-0.7	-0.3	-1.3	0.8	1.3	2.2	1.7	7.6	-3.1
1991	1.2	7.2	2.4	0.2	4.3	-4.6	4.7	2.4	-1.7	1.3	-4.0	11.4	26.6	30.5
1992	-1.9	1.3	-1.9	2.9	0.5	-1.5	4.1	-2.0	1.2	0.3	3.4	1.2	7.6	7.6
1993	0.8	1.4	2.1	-2.4	2.2	-1.2	3.3	5.4	-2.1	3.6	-7.6	7.8	13.2	10.1
1994	8.2	-0.8	-4.4	0.3	2.4	-2.5	3.4	-2.5	-0.1	-0.2	0.7	5.7	5.7	1.3
1995	2.0	2.4	3.0	2.9	4.0	2.3	3.3	0.3	4.2	-0.4	4.3	1.9	34.8	37.6
1996	3.4	0.9	1.0	1.5	2.6	0.4	-4.4	2.1	5.6	2.8	7.6	-2.0	23.0	23.0
1997	6.2	0.8	-4.1	6.0	6.1	4.5	8.0	-5.6	5.5	-3.3	4.6	1.7	33.4	33.4
1998	1.1	7.2	5.1	1.0	-1.7	4.1	-1.1	-14.5	6.4	8.1	6.1	5.8	28.6	28.6
1999	4.2	-3.1	4.0	3.9	-2.4	5.5	-3.1	-0.5	-2.7	3.7	2.0	9.5	22.1	21.0
2000	-5.4	2.7	3.8	-5.6	-2.6	4.3	-3.9	1.2	-5.3	-0.4	1.6	1.9	-8.2	-9.1
2001	1.6	0.9	0.5	-0.4	0.6	0.4	2.2	1.1	1.2	2.1	-1.4	-0.6	8.4	-11.9
2002	0.8	1.0	-1.7	1.9	0.8	0.9	1.2	1.7	1.6	-0.5	0.0	2.1	10.3	-22.1
2003	0.1	1.4	-0.1	0.8	1.9	-0.2	-3.4	2.0	2.8	6.5	2.2	6.2	23.3	28.7
2004	1.6	2.5	0.6	-3.1	0.3	2.2	-2.9	0.8	3.2	3.5	6.9	4.3	21.4	10.9
2005	-1.7	4.9	-2.7	-2.5	0.6	1.9	3.7	2.6	5.2	-3.6	3.4	4.8	17.1	4.9
2006	7.0	-0.3	2.9	5.2	-4.6	-0.1	1.0	2.8	0.1	4.1	3.6	3.1	27.2	15.8
2007	4.0	0.6	2.8	4.6	2.7	0.9	-0.3	-1.5	6.6	5.6	-4.5	-1.4	17.1	5.5
2008	-9.7	0.1	0.3	-0.2	-0.7	-0.1	0.9	-1.3	-2.4	3.3	3.7	-6.5	-7.9	-37.0
2009	-0.9	-0.4	1.4	0.5	0.7	0.6	1.6	1.0	1.1	0.5	2.9	2.1	11.6	26.5
2010	-4.9	0.0	6.9	-0.8	-10.4	-5.2	7.0	-4.5	8.9	3.8	0.0	6.7	5.5	15.1
2011	2.4	3.4	0.0	3.0	-2.8	-1.4	-2.0	-5.4	-7.0	10.9	-0.2	1.0	0.7	2.1
2012	4.5	4.3	3.3	-0.6	-6.0	0.0	1.4	2.3	2.6	-1.9	0.6	0.9	11.4	16.0
2013	4.1	1.4	3.8	1.9	2.3	-1.3	5.1	-2.9	3.1	4.6	3.1	2.5	31.0	32.4

グローバル・エクイティ・モメンタム（GEM）は次のインデックスに適用した相対モメンタムと絶対モメンタムを使ったルールに基づくアプローチ──S&P500、MSCIオール・カントリー・ワールド非米国株（1988年以前はMSCIワールド非米国株）、バークレイズ・キャピタル・US・アグリゲート・ボンド。GEMは1カ月ごとにリバランスする。GEMには直接的には投資できない。パフォーマンスは実際のファンドやポートフォリオのパフォーマンスを示すものではない。パフォーマンスはトータルリターンで表し、利息と配当の再投資は含むが、運用報酬、取引コスト、税金などの費用は含まれない。過去のデータと分析は、将来的なパフォーマンスを保証するものではない。

付録B──「絶対モメンタム」（Absolute Momentum : A Simple Rule-Based Strategy and Universal Trend-Following Overlay）

要約

　レラティブストレングス価格モメンタムについては多くの研究や調査が行われているが、絶対モメンタム（時系列モメンタムとも言う）の研究はあまり進んでいない。本論文は、絶対モメンタムの実用面について調べたものだ。まず最初に唯一のパラメーターであるモメンタムの観察期間（ルックバック期間）について述べ、それに続き、株式、債券、実物資産に適用した絶対モメンタムのリワード、リスク、相関特性について述べる。最後に、絶対モメンタムを60/40株式・債券ポートフォリオと簡単なリスクパリティ・ポートフォリオに適用する。絶対モメンタムは市場状態の変化を的確にとらえることができ、実行が簡単なルールに基づくアプローチとして、単体でも、トレンドフォロー・オーバーレイとしても使える。

序論

　モメンタム効果は、金融の世界で最も強力で最も波及効果の高い現象だ（ジャガディーシュとティトマン［1993年、2001年］）。いろいろな資産クラスや資産グループにわたるその価値は、研究者たちによって立証されている（ブリッツとバン・フリート［2008年］、アスネス、モスコウィッツ、ペダーセン［2013年］）。レラティブストレングス・モメンタムは1801年（ゼクジーとサモノフ［2012年］）から将来にわたる（グランディーとマーティン［2001年］、アスネスほか［2013年］）

アウトオブサンプル・テストでも素晴らしいパフォーマンスを見せている。

　モメンタムは、ある資産のその資産グループのほかの資産に対するパフォーマンスによって将来的な相対パフォーマンスを推定するレラティブストレングス・モメンタムだけでなく、ある資産の過去のパフォーマンスによってその資産の将来的なパフォーマンスを推定する絶対モメンタム（時系列モメンタム）もうまく機能する。絶対モメンタムで測定するのは、任意のルックバック期間における資産の超過リターンである。絶対モメンタムでは、資産の翌月のリターンと過去1年間にわたる超過リターンは正の自己相関を持つ（モスコウィッツ、オオイ、ペダーセン［2012年］）。

　したがって、絶対モメンタムは本質的にはトレンドフォローだ。トレンドフォロー手法が学術界で認識され始めたのは最近になってからである（ブロック、ラコニショック、レバロン［1992年］、ロー、ママイスキー、ワン［2000年］、シュとチョウ［2009年］、ハン、ヤン、チョウ［2011年］）。

　絶対モメンタムは相対モメンタムと同じくらい堅牢で幅広く適用できるが、極端な市場環境でのコモディティ、株価指数、債券、通貨ペアのパフォーマンスが高く、特に世紀の変わり目の時期に高いパフォーマンスを上げた（ハースト、オオイ、ペダーセン［2012年］）。

　モメンタムは過去20年にわたって研究が進んだが、なぜ機能するのか分かっている人はいない。ブラウンとジェニングス（1989年）はテクニカル分析と過去のデータを使って均衡モデルを開発し、つい最近になって、チョウとシュ（2014年）は、均衡リターンは、絶対モメンタムのようなトレンドフォローのトレードルールによるリスク分担機能によるものであることを発見した。

　モメンタムとトレンドフォローによる利益は、アンカリング、群れ行動、ディスポジション効果といった行動バイアスによるものである

という説明が一般的だ（トバスキーとカーネマン［1974年］、バーベリス、シュレイファー、ヴィシュニー［1998年］、ダニエル、ハーシュレイファー、サブラマニャム［1998年］、ホンとスタイン［1999年］、フラツィーニ［2006年］）。

　アンカリングは投資家の新しい情報に対する反応を遅らせ、過小反応を誘発する。群れ行動によって買いは買いを呼び、価格は最初は過小反応を起こすが、そのあと過剰反応を引き起こし、ファンダメンタルな価値を超えた動きをする。またディスポジション効果は、勝ちトレードを早く手仕舞いしすぎ、負けトレードは長く保有するという現象を引き起こす。これは逆風を生むため、トレンドは真の価値に達するまで長く続く。

　下落トレンドで売り、上昇トレンドで買うというリスク管理手法もまたトレンドを持続させる（ガーリニューとペダーセン［2007年］）。これは確証バイアスによるもので、投資家たちは最近の値動きを重視し、それが将来的な値動きを表すものだと思ってしまう。そのため、最近値上がりしているものにお金を移し、それによってトレンドはさらに持続する（トバスキーとカーネマン［1974年］）。行動バイアスは根深いものだ。モメンタムの利益がなぜ持続するのかはこれで説明がつくかもしれない。

　絶対モメンタムはシンプルで、ロングオンリーで有効に働くため、本論文では絶対モメンタムに焦点を当てる。絶対モメンタムは、ほかの資産の寄与効果を損なうことなく、あらゆる資産やポートフォリオに適用することができる。一方、相対モメンタムの場合、アクティブポートフォリオに対する資産の影響度は減少する。これによって複数資産による分散効果は失われ、突然アウトパフォームし始めるかもしれない遅延資産を除くため、機会損失が失われる可能性もある。

　絶対モメンタムの２番目のメリットは、市場状態の変化を迅速にとらえることができるため、下方リスクを減らすことができる点だ。相

対モメンタムも絶対モメンタムもリターンの向上には役立つが、絶対モメンタムは相対モメンタムとは違ってロングオンリーなので下方リスクを減少させるのに効果がある（アントナッチ［2012年］）。

　次のセクションでは、絶対モメンタムに用いるデータと手法について説明する。まずは、観察期間（ルックバック期間）について説明し、そのあとさまざまな市場のリワード、リスク、相関特性に与える影響について、絶対モメンタムとバイ・アンド・ホールド・アプローチを比較する。最後に、絶対モメンタムを2つの代表的な複数資産ポートフォリオ――60/40株式・債券ポートフォリオと簡単な分散リスクパリティ・ポートフォリオ――に適用する。

用いるデータと手法

　ここで用いるデータは特に断りのないかぎり、利息と配当を含む1973年1月からの月次データである。株式については、MSCI US（モルガン・スタンレー・キャピタル・インターナショナル）とMSCI EAFE（ヨーロッパ、オーストラリア、極東）インデックスを使う。これらのインデックスは、大型株と中型株の浮動株調整時価総額加重型のインデックスだ。債券については、バークレイズ・キャピタル・ロング・US・トレジャリー、インターメディエイト・US・トレジャリー、USクレジット、USハイ・イールド・コーポレーション、USガバメント＆クレジット、USアグリゲート・ボンドを使う。ハイイールド・インデックスの開始日は1983年7月1日で、アグリゲート・ボンド・インデックスの開始日は1976年1月1日である。1976年1月以前については、アグリゲート・ボンド・インデックスの代わりにガバメント＆クレジット・インデックスを使う（これら2つのインデックスは連動性が高い）。Tビルについては、90日物米国Tビルの月次リターンを使う。実物資産については、FTSE NAREIT　USリアル・

エステート・インデックス、S&PのGSCI（元ゴールドマン・サックス・コモディティ・インデックス）、ロンドンPMゴールド・フィックスの月末の終値に基づく金の月次リターンを使う。

絶対モメンタムを求めるもっと複雑な方法（バルタスとコソウスキー［2012年］）はあるが、私たちの戦略では絶対モメンタムは、ルックバック期間にわたって超過リターン（Tビルリターンを差し引いたリターン）が正ならば正と定義する。絶対モメンタムが正のときは、これらの期間にわたって、選んだ資産のロングポジションを保持する。絶対モメンタムが負になったら（つまり、資産の超過リターンが負）、基本戦略からその資産を手仕舞い、絶対モメンタムが再び正になるまで90日物Tビルに切り替える。Tビルは市場に流動性がないときに資産を移す安全な場所になる。

ポジションは1カ月ごとにリバランスする。Tビルの年間の取引数（仕掛け、手仕舞い）はREITの0.33回から、ハイイールド債の1.08回までいろいろだ。Tビルを1回取引するたびごとの取引コストは20ベーシスポイントとする（モメンタムやベンチマークポートフォリオの1カ月ごとのリバランスには取引コストはかからない）。最大ドローダウンは1カ月ごとの最大資産額からの減少幅が最大のものを言う。

観察期間

表B.1は2カ月から18カ月までのルックバック期間のシャープレシオを示したものだ。1973年1月からのデータ（ハイイールド債は1983年7月からのデータ）を使い、最大のルックバック期間は18カ月なので、結果は1974年7月から始まり2012年12月までとなる。**表B.1**のアミの部分は、各資産のシャープレシオが最大のものを示している。**表B.1**を見ると分かるように、最大のシャープレシオは12カ月に集中している。また、データをサブサンプルに分割し、1974年から2012年ま

表B.1 ルックバック期間とシャープレシオ

ルックバック期間	18	16	14	12	10	8	6	4	2
MSCI US	0.41	0.43	0.45	0.56	0.46	0.44	0.41	0.38	0.23
EAFE	0.33	0.32	0.35	0.41	0.45	0.32	0.38	0.36	0.46
TBOND	0.40	0.42	0.45	0.54	0.38	0.36	0.33	0.42	0.40
CREDIT	0.75	0.80	0.70	0.74	0.80	0.81	0.69	0.71	0.66
HI YLD	0.70	0.87	0.82	0.92	0.66	0.69	0.82	0.77	0.77
REIT	0.65	0.71	0.72	0.69	0.63	0.63	0.87	0.68	0.63
GSCI	0.04	0.04	0.09	0.20	0.09	–0.08	–0.11	0.13	0.06
GOLD	0.39	0.35	0.35	0.42	0.39	0.37	0.32	0.30	0.21

図B.1 最良の観察期間（1974〜2012年）

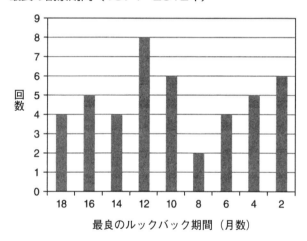

での10年ごとの各資産のシャープレシオを算出し、そのなかから最大のものを選んで図にしたものが図B.1だ。図B.1は、10年ごとの期間における各ルックバック期間に対して、シャープレシオが最大、あるいは最大から2パーセントポイント以内にあった回数を示したものだ。

どちらの結果を見ても、相対モメンタムの最良の観察期間は3カ月から12カ月で、12カ月に最も集中している（ジャガディーシュとティ

ットマン［1999年］）（1920年から1935年までの米国株のデータを使って、利益の出るルックバック期間が12カ月であることを初めて指摘したのはコールズとジョーンズ［1937年］だった。さらに、モスコウィッツほか［2012年］も、絶対モメンタムを1969年から2009年までの流動性の高い先物市場に適用することで、最良のルックバック期間が12カ月であることを見いだした）。モメンタムの研究論文では、研究目的のベンチマーク戦略として、12カ月のルックバック期間と1カ月の保有期間を使ったものが多い。ここに示した結果もルックバック期間としては12カ月が最良で、論文も12カ月を使っているものが多いので、私たちのベンチマーク戦略のルックバック期間としても12カ月を使う。これによって取引コストは最小で済み、データスヌーピング・リスクも減少する。

絶対モメンタムの特徴

表B.2は、12カ月絶対モメンタムを使ったときと使わないときの、1974年1月から2012年12月までの各資産のパフォーマンスと、すべての資産のメジアンを示したものだ。

図B.2は、12カ月絶対モメンタムを使ったときと使わないときの、これらの資産のシャープレシオと利益の出た月の比率を示したものだ。**図B.3**は、利益の出た月の比率を示したもので、**図B.4**は月次最大ドローダウンを示したものだ。どの資産もこの38年にわたって、12カ月絶対モメンタムを使ったときのほうが、シャープレシオは高く、最大ドローダウンは少なく、利益の出た月も多い。

表B.3は、絶対モメンタムを使ったときと使わないときの、これらの資産の月次相関を示したものだ。絶対モメンタムを使わないときのこれら8つの資産の平均相関は0.22で、絶対モメンタムを使ったときの平均相関は0.21である。絶対モメンタムを使ったからといって、相

表B.2 絶対モメンタムのパフォーマンス（1974～2012年）

	年次リターン	年次標準偏差	年次シャープレシオ	最大ドローダウン	利益の出た月（%）
MSCI US（絶対モメンタム使用）	12.26	11.57	0.55	−22.90	75
MSCI US（絶対モメンタム不使用）	11.62	15.74	0.37	−50.65	61
EAFE（絶対モメンタム使用）	10.39	11.82	0.39	−25.14	78
EAFE（絶対モメンタム不使用）	11.56	17.53	0.33	−56.40	60
Tボンド（絶対モメンタム使用）	10.08	8.43	0.52	−12.92	77
Tボンド（絶対モメンタム不使用）	9.74	10.54	0.39	−20.08	61
クレジット・ボンド（絶対モメンタム使用）	8.91	4.72	0.70	−8.70	82
クレジット・ボンド（絶対モメンタム不使用）	8.77	7.18	0.44	−19.26	67
ハイイールド債（絶対モメンタム使用）	9.97	4.76	0.90	−7.14	88
ハイイールド債（絶対モメンタム不使用）	10.05	8.70	0.50	−33.31	75
REIT（絶対モメンタム使用）	14.16	11.74	0.69	−19.97	75
REIT（絶対モメンタム不使用）	14.74	17.25	0.50	−68.30	62
GSCI（絶対モメンタム使用）	8.24	15.46	0.17	−48.93	81
GSCI（絶対モメンタム不使用）	4.93	19.96	−0.02	−61.03	54
金（絶対モメンタム使用）	13.68	16.62	0.46	−24.78	81
金（絶対モメンタム不使用）	9.44	19.97	0.19	−61.78	53
メジアン（絶対モメンタム使用）	10.25	11.66	0.53	−21.43	79
メジアン（絶対モメンタム不使用）	9.90	16.48	0.38	−53.53	61

関が増加するわけではないことが分かる。このあと複数資産ポートフォリオを見ていくが、絶対モメンタムを複数資産ポートフォリオに適用しても良い結果が得られることが分かる。

図B.5から**図B.12**は各資産の成長率の対数グラフを示したものだ。ただし、開始値は100とする。

60/40バランスト・ポートフォリオ

12カ月絶対モメンタムは、さまざまな個別資産のリスク調整済みパ

付録B──「絶対モメンタム」

図B.2　資産のシャープレシオ（1974～2012年）

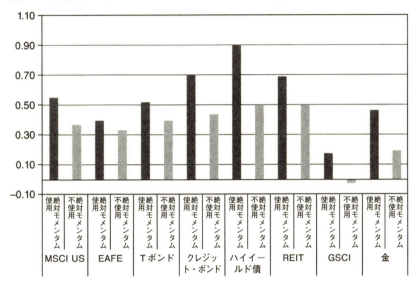

図B.3　利益の出た月の比率（1974～2012年）

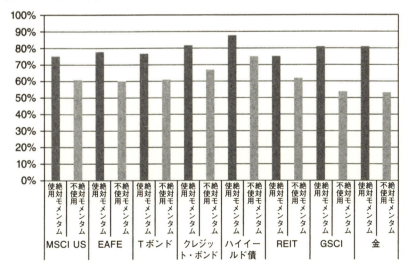

図B.4 月次最大ドローダウン（1974～2012年）

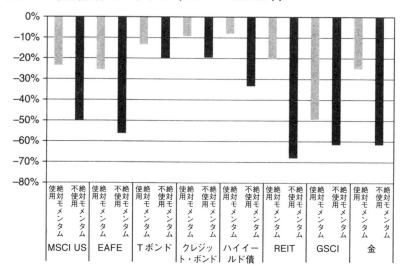

表B.3 月次相関（1974～2012年）

モメンタムを使わないとき							
	EAFE	Tボンド	クレジット・ボンド	ハイイールド債	REIT	GSCI	金
MSCI US	0.63	0.11	0.26	0.43	0.58	0.10	0.01
EAFE		0.03	0.12	0.37	0.48	0.18	0.19
Tボンド			0.67	0.12	0.05	−0.10	0.01
クレジット・ボンド				0.40	0.15	0.04	−0.02
ハイイールド債					0.32	0.07	−0.04
REIT						0.11	0.07
GSCI							0.27
12カ月絶対モメンタムを使ったとき							
	EAFE	Tボンド	クレジット・ボンド	ハイイールド債	REIT	GSCI	金
MSCI US	0.49	0.05	0.35	0.45	0.45	0.14	0.04
EAFE		0.03	0.26	0.31	0.29	0.13	0.11
Tボンド			0.81	0.04	−0.03	−0.04	−0.02
クレジット・ボンド				0.38	0.28	−0.01	0.05
ハイイールド債					0.41	0.09	0.02
REIT						0.13	0.12
GSCI							0.30

図B.5 MSCI US（1974～2012年）

図B.6 MSCI EAFE（1974～2012年）

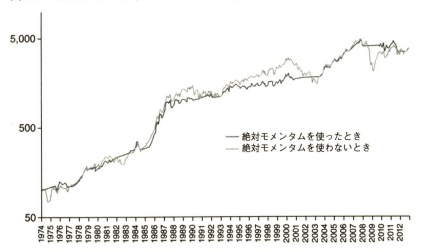

図B.7　Tボンド（1974〜2012年）

図B.8　USクレジット・ボンド（1974〜2012年）

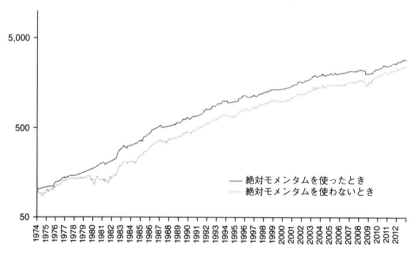

付録B──「絶対モメンタム」

図B.9　USハイイールド債（1984〜2012年）

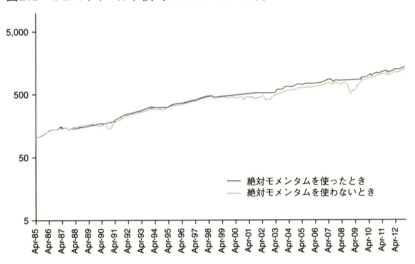

図B.10　US REIT（1974〜2012年）

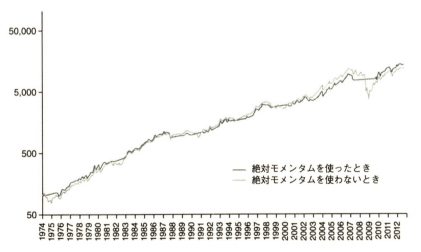

図B.11　S&P GSCI（1974〜2012年）

図B.12　ロンドン金（1974〜2012年）

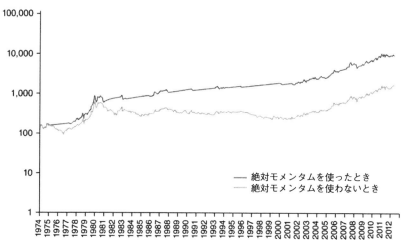

表B.4 60/40バランスト・ポートフォリオとMSCI USのパフォーマンス（1974～2012年）

	年次リターン	年次標準偏差	年次シャープレシオ	最大ドローダウン	利益の出た月(%)	S&P500との相関	10年物債との相関
60/40（絶対モメンタム使用）	11.52	7.88	0.72	−13.45	74	0.67	0.37
60/40（絶対モメンタム不使用）	10.86	10.77	0.47	−29.32	63	0.92	0.46
MSCI US（絶対モメンタム使用）	12.26	11.57	0.55	−22.90	75	0.74	0.13
MSCI US（絶対モメンタム不使用）	11.62	15.74	0.37	−50.65	61	1.00	0.10

フォーマンスを向上することは分かったが、絶対モメンタムを複数資産ポートフォリオに適用するとどうなるのだろうか。最も簡単な複数資産ポートフォリオは、60％を株式に投資し、40％を債券に投資するというものだ。これは1926年から1965年までの株式と債券のリターンに基づいて、1960年代中頃に機関投資家がよく採用したものだ。**表B.4**は、MSCI USインデックスとUSトレジャリー・インデックスの60/40ポートフォリオと、MSCI USインデックスの、12カ月絶対モメンタムを使わないときと使ったときのパフォーマンスを示したものだ。

モメンタムを使わない60/40ポートフォリオは、米国株だけに投資したポートフォリオに比べると、ボラティリティとドローダウンはかなり低下しているが、60/40ポートフォリオとS&P500との相関は0.92と高い。これは、60/40ポートフォリオが株式の市場リスクの大部分を保持し続けていることを示している。株式は債券に比べるとボラティリティが高いため、60/40ポートフォリオのリスクの大部分の源泉は株式である。リスクの観点から見ると、通常の60/40ポートフォリオのリスクの大部分は株式から来ている。なぜなら、60/40ポートフ

ォリオのパフォーマンスの変動の大部分は、株式市場の変動で説明がつくからだ。

絶対モメンタムを使ったMSCI USインデックスのS&P500との相関は0.74で、60/40ポートフォリオとS&P500との相関0.92よりも低い。また、絶対モメンタムを使ったMSCI USは、ポートフォリオのドローダウンを低減するという意味で60/40ポートフォリオよりも優れている。また、リターンも高い。また、12カ月絶対モメンタムを使った60/40ポートフォリオとS&P500との相関は0.67で、絶対モメンタムを使わない60/40ポートフォリオとS&P500との相関0.92よりも低い（2012年12月までの10年においては、絶対モメンタムを使った60/40ポートフォリオとS&P500との相関は0.53で、絶対モメンタムを使わない60/40ポートフォリオとS&P500との相関0.87に比べると低い）。また、絶対モメンタムを使った60/40ポートフォリオのリターンは絶対モメンタムを使わないMSCI USとほぼ同じだが、ボラティリティはおよそ半分だ。また、最大ドローダウンは70％以上も少ない。

図B.13は、MSCI USインデックスと12カ月絶対モメンタムを使ったときと使わないときの60/40ポートフォリオの１カ月、３カ月、６カ月、12カ月の最大ドローダウンを示したものだ。図B.14は、同じポートフォリオの５年ローリング期間の最大ドローダウンを示したものだ。

絶対モメンタムを使わない60/40ポートフォリオは、各資産クラスへの投資額のバランスはよいが、リスクを低減する分散化にはほとんど貢献していない。1900年から2012年までの60/40ポートフォリオの実質リターンがマイナスの確率は、どの年も35％で、５年ごとに見ると20％、10年ごとに見ると10％だった（データはロバート・シラーのウェブサイト http://www.econ.yale.edu/~shiller/data.htm より）。また、実質最大ドローダウンは66％だった。60/40ポートフォリオに12カ月絶対モメンタムを適用すると、下方リスクは低く、市場レベルの

図B.13 1カ月、3カ月、6カ月、12カ月の最大ドローダウン（1974〜2012年）

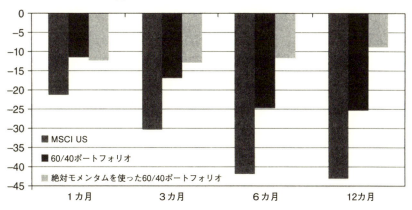

図B.14 5年ローリング期間の最大ドローダウン（1979〜2012年）

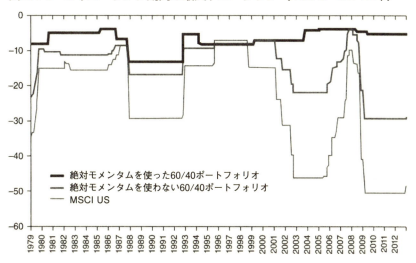

リターンを達成することができる。**図B.15**は、12カ月絶対モメンタムを使った60/40ポートフォリオが使わない60/40ポートフォリオを常にアウトパフォームしていることを示したものだ。世界のつながりが

図B.15　60/40バランスト・ポートフォリオ（1974～2012年）

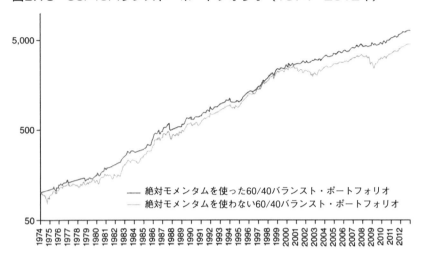

― 絶対モメンタムを使った60/40バランスト・ポートフォリオ
― 絶対モメンタムを使わない60/40バランスト・ポートフォリオ

弱く、資産の相関が低く、分散化だけで下方リスクを低減することができた昔に比べると、絶対モメンタムのトレンドフォローやマーケットタイミングの性質は、今のほうが重要性を増している。

パリティ・ポートフォリオ

　60/40ポートフォリオのように株式に大きく偏ったポートフォリオを扱う通常の方法は、もっと広範に分散化したり、債券への配分を増やすことである。例えば、寄付基金はプライベートエクイティやヘッジファンドなどリスクの高い代替投資などに分散投資することが多い。リスクパリティ・ポートフォリオのなかにも幅広く分散投資しているものがある。リスクパリティ・ポートフォリオは、債券などボラティリティが比較的低い資産により多くの資産を配分することで、資産クラス間のリスクを均一にしようとするものだ。例えば、株式・債券ポ

ートフォリオの場合、債券と株式でリスクを均一にするためには、債券に少なくとも70％配分する必要がある。

　リスクパリティ・ポートフォリオを構築する一般的な方法は、ボラティリティの逆数で各資産のポジションサイズを重み付けするというものだ（資産の相関を考慮して、ボラティリティの代わりに共分散を用いる人もいる）。これによって各資産間のリスクイクスポージャーは正規化される。しかし、この方法にはいくつかの問題がある。第一に、最良のルックバック期間とボラティリティを測定する頻度を決める必要がある。これによってデータスヌーピング・バイアスが導入される。第二に、ボラティリティと相関は本質的に不安定で一定ではない。したがって、これらを使うことで、さらなる未知のリスクが発生し、ポートフォリオは不安定なものになる可能性がある。従来のリスクパリティ・ポートフォリオと同等のものを得るのに私たちはもっと簡単な方法を使う。まず、60/40ポートフォリオで使われているMSCI USと長期Tボンドインデックスからスタートし、それにREIT、クレジット・ボンド、金を同じ比率で加える（ド・ミゲル、ガーラッピ、ウッパル［2009年］は7つのデータセットを使って14のアウトオブサンプル配分モデルをテストした。その結果、どのモデルも均等加重と比べて、シャープレシオも、確実性等価リターンも高くなることが分かった。複雑なモデルを使った最適分散化からの利益は、推定誤差で相殺されるのである）。クレジット・ボンドを加えるのは、ポートフォリオの債券のイクスポージャーを増やすためだ。クレジット・ボンドは、クレジットリスク・プレミアムを提供してくれるうえ、長期国債よりもデュレーション・リスクが少ないため、債券の分散化に役立つ。REITを加えることで、実物資産へのイクスポージャーが増えるため、株式に対するリスクイクスポージャーも若干増える。金を加えることで、不動産とは異なる実物資産イクスポージャーを取ることができる（コモディティの代わりに金を使うのは、コモディティ・イン

表B.5 月次相関（1974～2012年）

	60/40ポートフォリオ	絶対モメンタムを使った60/40ポートフォリオ	パリティ・ポートフォリオ	絶対モメンタムを使ったパリティ・ポートフォリオ
S&P500	0.92	0.67	0.67	0.40
10年物債	0.58	0.35	0.37	0.36
GSCI	0.05	0.06	0.25	0.19

デックス先物はリスクプレミアムがなく、フロントランニングによるロールオーバーコストが発生するからである。ダスカラキとスキアドポウラス［2011年］、モー［2011年］を参照）。金はボラティリティが最も高いため、パリティ・ポートフォリオの配分比率はわずか20％だが、債券の配分比率は最大の40％だ。株式へのイクスポージャーは金と債券のちょうど中間だ。

　まずポートフォリオをこのように構築することで、債券、株式、実物資産のリスクイクスポージャーはノンパラメトリック的にバランスが取れ、推定エラーが増えることはない。このパリティ・ポートフォリオに絶対モメンタムを使うことで、資産クラス間のリスクイクスポージャーは減少するうえ、均一化することもできる。

　表B.5はS&P500、米国10年物債、GSCIコモディティインデックスの、12カ月絶対モメンタムを使ったときと使わないときの60/40ポートフォリオとパリティ・ポートフォリオとの相関を示したものだ。12カ月絶対モメンタムを使ったパリティ・ポートフォリオは株式に対しても債券に対しても相関は適度で、ほぼ同じだ。絶対モメンタムを使えば下方リスクが減少するため、債券を40％以下に維持しながら、リスクパリティを得ることができるわけである。

　よくバランスの取れたポートフォリオは、成長率が低い低インフレ環境では債券がアウトパフォームしてポートフォリオを支えてくれ、

表B.6 パリティ・ポートフォリオと60/40ポートフォリオ（1974～2012年）

	絶対モメンタムを使ったパリティ・ポートフォリオ	絶対モメンタムを使わないパリティ・ポートフォリオ	絶対モメンタムを使った60/40ポートフォリオ	絶対モメンタムを使わない60/40ポートフォリオ
全データ				
年次リターン	11.98	11.28	11.52	10.86
年次標準偏差	5.75	8.88	7.88	10.77
年次シャープレシオ	1.06	0.62	0.72	0.47
最大ドローダウン	−9.60	−30.40	−13.45	−29.32
利益の出た月（%）	75	69	74	63
1974–1983				
年次リターン	15.78	13.10	11.37	9.41
年次標準偏差	7.20	10.05	6.88	12.35
年次シャープレシオ	0.86	0.38	0.33	0.04
最大ドローダウン	−6.31	−16.89	−8.19	−22.95
利益の出た月（%）	80	64	81	52
1984–1993				
年次リターン	12.34	10.19	14.48	15.63
年次標準偏差	4.98	5.62	9.78	11.40
年次シャープレシオ	1.09	0.62	0.75	0.73
最大ドローダウン	−4.28	−6.53	−13.45	−16.99
利益の出た月（%）	78	71	79	68
1994–2003				
年次リターン	9.06	9.45	12.10	10.86
年次標準偏差	4.65	6.66	8.23	10.05
年次シャープレシオ	0.99	0.74	0.90	0.62
最大ドローダウン	−4.87	−7.56	−8.16	−22.14
利益の出た月（%）	72	73	69	64
2004–2012				
年次リターン	10.69	12.55	7.84	7.34
年次標準偏差	5.78	12.12	5.92	8.80
年次シャープレシオ	1.47	0.84	0.99	0.61
最大ドローダウン	−9.60	−30.40	−5.03	−29.32
利益の出た月（%）	69	70	67	69

図B.16 パリティ・ポートフォリオと60/40ポートフォリオ（1974〜2012年）

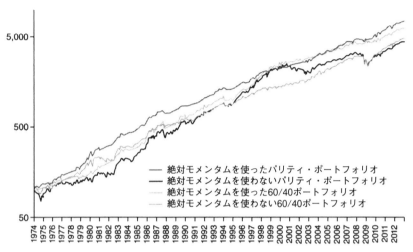

図B.17 パリティ・ポートフォリオとその構成要素（1974〜2012年）

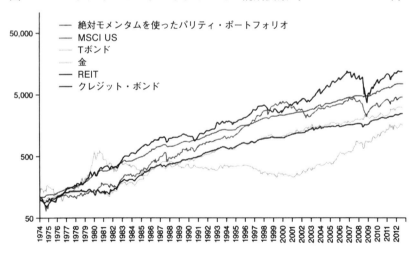

付録B──「絶対モメンタム」

図B.18　12カ月ローリング期間のリターン（1975～2012年）

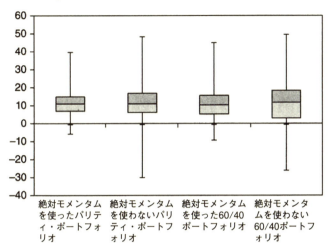

図B.19　パリティ・ポートフォリオの月次リターンの違い（1974～2012年）

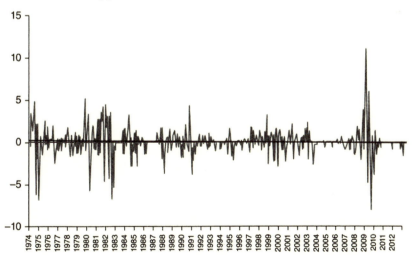

成長率の高い高インフレ環境では株式とREITがアウトパフォームしてポートフォリオを支えてくれる。**表B.6**は、12カ月絶対モメンタムを使ったときと使わないときの60/40ポートフォリオとパリティ・ポートフォリオの期間全体と10年ごとのパフォーマンスを比較したものだ。絶対モメンタムを使ったパリティ・ポートフォリオは、全期間にわたってシャープレシオが最も高く、ドローダウンは最も低い。**図B.16**はパリティ・ポートフォリオと60/40ポートフォリオのチャートを示したもので、**図B.17**はパリティ・ポートフォリオとその構成要素のチャートを示したものだ。

図B.18は12カ月ローリング期間のポートフォリオリターンの四分位数を示したボックスプロットである。**図B.19**は12カ月絶対モメンタムを使ったときと使わないときのパリティ・ポートフォリオの月次リターンの違いを示したものだ。2008年から2009年にかけてボラティリティが上昇しているが、プロットしたトレンドラインを見ると、リターンの平均的な差は全期間にわたってほぼ一定している。

パリティ・ポートフォリオのドローダウン

個別資産や60/40ポートフォリオのケースと同じように、12カ月絶対モメンタムはパリティ・ポートフォリオのドローダウンも低減してくれる（**図B.20**と**図B.21**）。

表B.7は、絶対モメンタムを使ったパリティ・ポートフォリオは市場状態の変化をとらえることで、データ開始の1974年からの株式市場における資産の侵食を回避していることを示したものだ。

図B.22は、パリティ・ポートフォリオの四半期ごとのリターンをy軸に取り、S&P500インデックスの対応する四半期ごとのリターンをx軸に取ってプロットしたものだ。このチャートからも分かるように、絶対モメンタムを使ったパリティ・ポートフォリオの株式損失は

付録B──「絶対モメンタム」

図B.20　1カ月〜12カ月の最大ドローダウン（1974〜2012年）

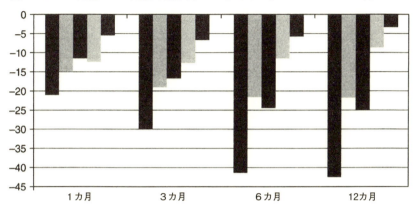

- MSCI US
- パリティ・ポートフォリオ
- 60/40ポートフォリオ
- 絶対モメンタムを使った60/40ポートフォリオ
- 絶対モメンタムを使ったパリティ・ポートフォリオ

図B.21　5年ローリング期間の最大ドローダウン（1974〜2012年）

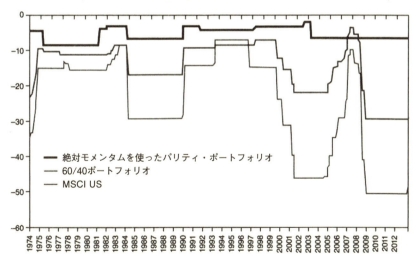

表B.7 株式市場の最大ドローダウン（1974〜2012年）

	MSCI US	60/40ポートフォリオ	絶対モメンタムを使ったパリティ・ポートフォリオ
3/74–9/74	−33.3	−22.4	+2.2
9/87–11/87	−29.4	−17.0	−1.7
9/00–9/01	−30.9	−15.4	+5.4
4/02–9/02	−29.1	−12.2	+7.3
11/07–2/09	−50.6	−29.3	−0.4

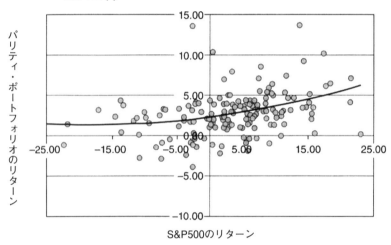

図B.22 パリティ・ポートフォリオとS&P500の四半期リターン（1974〜2012年）

少ない。

確率的優越性

　金融市場の分散は一定ではなく、リターン分布は自己相関性を持ち相互依存しているため、堅牢なノンパラメトリックな方法を使って分析するのが一番だ。その1つの方法に二次確率優越というものがあるが、これはある出力がほかの出力よりも予測しやすく（リスクが少な

図B.23　累積分布関数（1974～2012年）

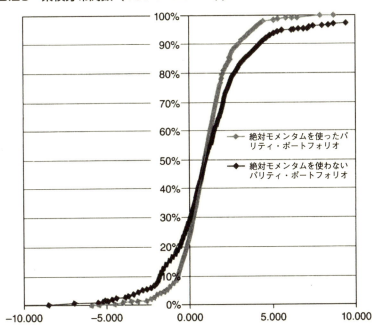

い）、平均リターンが同じくらい高ければ、前者のほうが好ましいことを意味する（ヘイダーとラッセル［1969年］）。**図B.23**は絶対モメンタムを使ったときと使わないときのパリティ・ポートフォリオの月次リターンの累積分布関数を示したものだ。

　12カ月絶対モメンタムを使ったパリティ・ポートフォリオは、モメンタムを使わないパリティ・ポートフォリオよりも、損失確率が低く、利益確率は高いことが分かる。また、12カ月絶対モメンタムを使ったパリティ・ポートフォリオの平均も、モメンタムを使わないパリティ・ポートフォリオの平均よりも高いので、二次確率優越により、リスク回避型投資家は、12カ月絶対モメンタムを使ったパリティ・ポートフォリオを好むはずだ。

レバレッジ

リスクパリティ・ポートフォリオは債券への配分が多いので、マネジャーは許容できる期待リターン水準を目指すためには、ポートフォリオにレバレッジをかける必要がある。しかし、絶対モメンタムを使えば、パリティ・ポートフォリオのボラティリティが減少すると同時に、株式レベルのリターンが得られるので、レバレッジをかける必要はない。

しかし、絶対モメンタムを使ったパリティ・ポートフォリオの期待ドローダウンが低いことを考えると、ほかのリスクパリティ・ポートフォリオ同様に、期待リターンを向上させるためにはレバレッジをかけたくなるかもしれない（トレンドフォロー手法もまた負の歪度とそれに関連する左側のテールリスクを減少させることができる［ルール〔2004年〕］。負の歪度は特にレバレッジをかけているときに問題になる。絶対モメンタムを使えば、負の歪度を減らしたり取り除くことができる）。**表B.8**と**図B.24**は、モメンタムを使わない60/40ポートフォリオの長期ボラティリティレベルを少し下回る年次ボラティリティ水準までレバレッジをかけた、12カ月絶対モメンタムを使ったパリティ・ポートフォリオの推定パフォーマンスを示したものだ。借り入れコストとしては、フェデラル・ファンド・レート＋25ベーシスポイント（借り入れをする代わりに、Tビルを保有しないことで、借り入れコストは低減できるが、このコストの低減は含まれていない）を使い、レバレッジ率は1.85対1である。

レバレッジ・ポートフォリオのリスクには、ファットテール、非流動性、カウンターパーティー・リスク、ベーシス、相関リスクの収束といったいろいろな特徴がある。ほとんどのリスクパリティ・ポートフォリオは債券に50％以上投資しているので、将来的な最大リスクは金利の上昇だ。名目金利が通常の6％水準に戻れば、長期債の価格は

表B.8 パリティ・ポートフォリオ（1974〜2012年）

	絶対モメンタムを使ったレバレッジ・パリティ・ポートフォリオ	絶対モメンタムを使ったパリティ・ポートフォリオ	モメンタムを使わないパリティ・ポートフォリオ
年次リターン	16.87	11.98	11.28
年次標準偏差	10.61	5.75	8.88
年次シャープレシオ	0.98	1.06	0.62
最大ドローダウン	−18.44	−9.60	−30.40
歪度	0.07	0.16	−0.82
過剰尖度	2.77	2.70	7.04

図B.24 パリティ・ポートフォリオ（1974〜2012年）

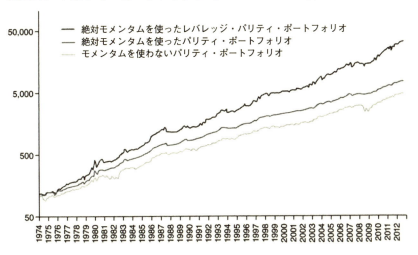

50％減少する。しかし、ここに示した12カ月絶対モメンタムを使ったパリティ・ポートフォリオは通常のリスクパリティ・ポートフォリオよりも適応性が高く、またトレンドフォローの性質を持つため、金利が上昇したときには債券への投資は手仕舞うことができる。一般に絶対モメンタムはレバレッジの有効な補佐として機能する。

表B.9 ファクターモデルの係数(1974～2012年)

	年次アルファ	市場ベータ	小型株ベータ	バリューベータ	モメンタムベータ	債券ベータ	GSCIベータ	R^2
6ファクター・モデル	3.82** (4.10)	0.159** (6.90)	−0.044 (1.51)	0.039 (1.41)	0.078** (2.75)	0.259** (3.28)	0.045** (4.56)	0.23
4ファクター・ファーマ・フレンチ・モデル	4.07** (4.28)	0.167** (7.84)	−0.061* (2.00)	0.054* (2.01)	0.092** (3.39)	-	-	0.21
3ファクター・ファーマ・フレンチ・モデル	5.24** (5.99)	0.149** (6.54)	−0.071* (2.38)	−0.017 (0.86)	-	-	-	0.17
1ファクター・モデル	4.97** (5.62)	0.139** (6.29)	-	-	-	-	-	0.15

カッコ内の数字は、系列相関と不均一分散性を調整したニューウェイ・ウエストのt値
**と*は、それぞれ1％水準と5％水準の統計学的有意性を示している

ファクター価格モデル

　表B.9は12カ月絶対モメンタムを使ったパリティ・ポートフォリオを、1ファクター資本資産価格モデル(CAPM)、3ファクター(市場リスク、サイズリスク、バリューリスク)のファーマ・フレンチ・モデル、4ファクターのファーマ・フレンチ・モデル(相対モメンタムを追加)、6ファクター・モデル(バークレイズ・キャピタル・US・アグリゲート・ボンド・インデックスとS&P GSCIコモディティインデックスの超過リターンを追加)を使って、米国株に対して回帰させたものだ。

　私たちのパリティ・ポートフォリオはロングオンリーなので、当然ながら、株式、債券、GSCIに対する配分が大きい。絶対モメンタムはいくつかの重大なクロスセクション・モメンタム・ベータをとらえている。4つのモデルを見ると、12カ月の絶対モメンタムを使った私たちのパリティ・ポートフォリオはアルファがかなり高いことが分かる。

結論

 コールズとジョーンズは1937年、12カ月モメンタムを初めて発表した。それ以来12カ月モメンタムはずっと支持されてきた。研究者や投資家の注目を特に集めてきたのは、同グループのほかの資産に対するパフォーマンスを測定したレラティブストレングス・モメンタムだが、レラティブストレングスは価格の強さを見る二次的な方法にすぎない。これに対して、資産の過去のパフォーマンスに対するパフォーマンスを測定した絶対モメンタムは、市場トレンドをもっと直接的に利用して価格の持続性を判断する。

 絶対モメンタムを使ってトレンドを判断することで、下方リスクをコントロールすることができ、市場状態の継続を利用して高いリスク調整済みリターンを得ることができる。ここで使った絶対モメンタムはシンプルなルールベースのアプローチで、実行も簡単だ。Tビルに対するリターンが前年の間、上昇していたか下落していたかを見るだけでよい。

 12カ月絶対モメンタムがいろいろな投資のリワード・リスク特性を改善できるかどうかを調べるために39年分のヒストリカルデータを見てきた。絶対モメンタムは複数資産ポートフォリオに対する上乗せ戦略としてかなりの効果があり、さまざまな使い方が可能だ。絶対モメンタムを使ったリスクパリティ・ポートフォリオは、株式や債券といった伝統的な投資との相関が低いので、コアホールディングとしても代替的ホールディングとしても有効に機能する。

 この論文で見てきたように、絶対モメンタムはコアポートフォリオの期待リターンを向上させ、期待ドローダウンを低減するのに役立つ。絶対モメンタムは、60/40バランスト・ポートフォリオのように株式と債券に対する基本的な資産配分を可能にし、金利リスクを持つ債券への配分を大きくすることなく投資目標を達成することができる。事

実、絶対モメンタムを株式のみのポートフォリオに適用することで、分散効果としての債券への配分を減らしたり、なくしたりすることができる。また、絶対モメンタムを使えばレバレッジを減らしたり、なくしたりすることもできるので、ヘッジファンドやプライベートエクイティといったリスクの高い資産に投資する必要もなく、さらに、一定でない推定リスクを含む相関や共分散に依存するデータスヌーピング・バイアスを心配する必要もない。

絶対モメンタムにはほかの利用法もある。マネジド・フューチャーズのコスト効果の高い代替（ハースト、オオイ、ペダーセン［2014年］）になり、さらに、より多くの潜在的利益が見込めるうえに損失リスクは低減できるため、オプション・オーバーライトの代替にもなる。また、コストの高いテールリスク・ヘッジの代替にもなる。絶対モメンタムを使えば、期待リターンの低い資産を使ってアグレッシブに分散化する必要もない。リスクの高い資産を使ったり、ポートフォリオにレバレッジをかけることで高いリターンを目指したい人にとって、12カ月絶対モメンタムは期待ドローダウンを減らすことができるので有効な方法だ。

絶対モメンタムにはいろいろな利用法があるが、絶対モメンタムはまだ投資戦略やリスク管理ツールとしてはあまり注目されていない。私たちは12カ月絶対モメンタムの変化形や改良版も開発しているが、本論文の範囲を超えるのでここでは紹介していない。しかし、ここで紹介したシンプルな使い方だけでも、絶対モメンタムは単独戦略としても、あるいは資産やポートフォリオのリスク調整済みパフォーマンスを向上させるパワフルな上乗せ戦略としても利用できる。絶対モメンタムを理解することであなたのパフォーマンスは向上するはずだ。

用語集

この用語集は本書で使われている用語についてまとめたものだが、もっと詳しく知りたい人は、インターネットで検索したり、参考文献リストの本を参考にしてもらいたい。

t値（t-Statistic）　2つのデータセットの間に有意の差があるかどうかを決定するのに用いる値。仮説検定を行うときや、信頼区間の計算に用いられる。

アウト・オブ・サンプル（Out-of-sample）　戦略を最適化したりモデルを構築するのに使ったデータとはまったく異なる新しいデータセット。

アクティブ運用投資（Active investment management）　ベンチマークをアウトパフォームすることを目標とするポートフォリオ戦略。

後知恵バイアス（Hindsight bias）　物事が起きる前は客観的な根拠がないにもかかわらず、物事が起きてからそれが予測可能だったと考える傾向。「最初から分かっていました」効果とも言う。

アニマルスピリット（Animal spirits）　経済的合理性よりも感情によって引き起こされる行動。

アノマリー（Anomaly）　システマティックリスクに基づく期待値を上回る投資戦略のように、基準から逸脱し、原則では説明がつかないもの。効率的市場仮説に反する結果を引き起こす状況。

アルファ（Alpha） リスク調整ベースでのパフォーマンス。ベンチマークを上回る運用成績のこと。

アンカリング（Anchoring） 特定の情報を重視しすぎるため、新たな情報を取得しても考え方をなかなか変えられない（「調整」が限定的）こと。価格を判断するとき、一定の価格をアンカーにして判断するため、新たな情報がもたらされても、価格の「調整」が遅れ、そのアンカーに引きずられてしまう。

生き残りバイアス（Survivorship bias） 生き残ったものを重視し、生き残らなかったものを見すごすこと。パフォーマンスを調べるときに、倒産した会社を除く傾向のこと。

イディオシンクラティック・ボラティリティ（Idiosyncratic volatility） 特定の証券に固有のリターン部分のボラティリティで、分散化可能なリスク。市場リスクとの相関はほとんどない。

移動平均（Moving average） 一定の期間を定め、範囲をずらしながら平均を取っていくこと。短期的な変動を平滑化し、長期的トレンドを判断するのによく使われる。

インサンプル（In sample） モデルや戦略を構築するのに用いたデータ。

インデックスファンド（Index fund） 市場インデックスと同じ値動きを目指すパッシブ運用の投資ファンド。運用費やポートフォリオの回転率は比較的低い。

インフォメーションレシオ（Information ratio） ある資産やポートフォリオのリターンと選定したベンチマークのリターンの差をトラッキングエラーで割ったもの。

エルゴード性（Ergodicity） ある量の時間平均が集合平均に一致するという確率過程上の性質。つまり、統計学的性質はその過程における1つのサンプルから導き出すことができるということ。

カーブフィッティング（Curve fitting） 過去のデータにぴったり合うように過剰に最適化すること。バックテストの結果は素晴らしくよいが、実際にはバックテストどおりにはいかないことが多い。「過剰適合バイアス」も参照。

回帰（Regression） 2つ以上の変数の間の関係を記述する式で、その関係の強さを測る統計量を含む。

確証バイアス（Confirmation bias） 持論に合う情報を選別し受容する一方で、持論に合わない情報は拒絶すること。

確率的優越性（Stochastic dominance） 二次確率優越では、リスク回避的投資家は、ある投資が別の投資に比べて平均リターンが同程度で、より予測可能であれば、そちらの投資を選ぶ。

過剰仕様（Overspecification） 「過剰適合バイアス」を参照。

過剰適合バイアス（Overfitting bias） 統計学的モデルが複雑すぎて、モデルが根底にある関係以上にランダムエラーやノイズを説明してしまうこと。これによって予測能力は低下する。

過剰反応(Overreaction) 新しい情報に過剰に反応すること。これによって過去の勝ちトレードは過大評価され、過去の負けトレードは過小評価される。

観察期間(Formation period) 「ルックバック期間」を参照。

期待リターン(Expected return) ある投資から平均的にどれくらいの利益を得られるかを示したもの。

偽発見率(False discovery rate) 仮説検定で使われる統計手法で、検定を何度も繰り返すことにより、差がないのに偶然有意差が出てしまうエラーの確率(多重検定問題)。

急尖性(Leptokurtosis) 鋭いピークと厚い裾を持つという意味。つまり、極端なイベントの発生確率が高いことを意味する。

近代ポートフォリオ理論(MPT。Modern portfolio theory) ポートフォリオのリスクに対して期待リターンを最大化するための理論。最適投資分散化への数学的アプローチ。

均等加重(Equal weighted) ポートフォリオやインデックスにおいて各銘柄が同じ重み(重要性)を持つこと。

クロスセクション(Cross-sectional) 一時点におけるグループ間の違いを比較すること。

系列相関(Serial correlation) 「自己相関」を参照。

堅牢（Robust） 市場状態が変わっても健全なパフォーマンスを持続すること。

行動経済学（Behavioral finance） 社会的、認知的、感情的ファクターが投資家の行動や市場に与える影響を研究する学問。投資家がなぜ非合理的な意思決定を行い、それによって市場アノマリーが生まれるのかを説明する学問。

効率的市場仮説（EMH。Efficient market hypothesis） 価格は一般に入手可能なすべての情報をすでに織り込み済みで、リスク調整後は、市場を上回る長期的なリターンを得ることはできないという考え方。

合理的期待（Rational expectations） 人々が現時点で入手できるすべての情報を駆使して形成される期待のこと。こうして形成される期待は平均的に正しく、システマティックな間違いは含まれない。

五分位数（Quintile） データを5つの均等な部分に分割すること。

最小分散ポートフォリオ（Minimum variance portfolio） ボラティリティを最小化するために最適化したリスク資産の集合体。

最大ドローダウン（Maximum drawdown） 資産やポートフォリオの全トラックレコードのなかで、それぞれの時点以前の最大資産額からの差を計算して、そのうち最大の下落幅のもの。

残差（Residual） 回帰式で得られた数値と実際の数値との差。

時価総額加重（Capitalization weighted） 発行済株式数に株価をか

けた時価総額を基に各株式を重み付けすること。したがって、時価総額加重型ポートフォリオやインデックスは大企業が大きな割合を占める。

時系列モメンタム（Time-series momentum）　「絶対モメンタム」を参照。

自己相関（Autocorrelation）　あるデータがそのデータの過去の履歴に対してどれくらいの相関を持つかを示したもの。自己共分散（あるデータとそのデータの時間をずらしたデータとの相関）とも言う。

事後的データ提供バイアス（Backfill bias）　数カ月あるいは数年にわたってリターンが高かった場合、そのデータをインデックスに含めること。あとでデータを埋める（backfill）という意味。セルフセレクション・バイアスの一種。

市場の効率性（Market efficiency）　株価が一般に入手可能なすべての情報をどれくらい反映しているかを示す度合い。「効率性市場仮説」も参照。

自信過剰（Overconfidence）　自分の判断が実際よりも良いと思う主観的信念。人は平均よりも優れていると考えがち。これによって投資家は新しい情報に対して過小反応してしまう。

システマティックリスク（Systematic risk）　市場全体の影響を受ける、分散化できないリスク。

実質リターン（Real return）　インフレ率を考慮したリターン。

四分位範囲（Interquartile range） データの第1四分位と第4四分位との差のことを言い、分布のばらつきを表す。

四分位数（Quartile） データを4つの均等な部分に分割すること。

資本資産価格モデル（CAPM。Capital asset pricing model） リスクと期待リターンの関係を求め、それを使って証券の価格付けを行う手法。証券のリターンはマーケットベータで測定したその証券のリスクに比例することを前提とするもの。

資本市場線（Capital market line） リスクフリーレートから効率的フロンティアに対して接するように引かれた線。

シャープレシオ（Sharp ratio） 超過リターンをそのリターンの標準偏差で割ったもの。単位リスクに対するリワード。シャープレシオ＝（リターン－無リスクリターン）÷そのリターンの標準偏差。

十分位数（Deciles） データを10個の均等な部分に分けること。

ジョイント・ハイポセシス問題（Joint hypothesis problem） 効率的市場仮説と推定モデルのどちらが間違っているのかよく分からないという問題。

ストキャスティック（Stochastic） 非決定的、あるいはランダムに決定すること。

正規分布（Normal distribution） 対称的な連続確率分布で、ベルカーブの形状を持つ。多くの便利な特徴を持ち、統計的推定を導きだす

のに使われる。

責任帰属バイアス（Self-attribution bias）　負のフィードバックを拒絶し、自分自身の欠点や失敗に目をつぶる傾向。成功したときには自分の手柄ではないにもかかわらず、自分のスキルのおかげとし、失敗したときには運の悪さのせいにしてしまうこと。

絶対モメンタム（Absolute momentum）　ある資産自身のパフォーマンスの強弱。

線形回帰（Linear regression）　従属変数と1つ以上の説明変数との線形関係をモデル化する方法。「回帰」も参照。

選択バイアス（Selection bias）　データを選択するときに偏りが生じること。データの開始日の選択にも当てはまる。

尖度（Kurtosis）　分布の鋭さを表す。標準分布に比べて尖度が大きければ鋭いピークと長く太い裾を持った分布を意味し、尖度が小さければより丸みがかったピークと短く細い裾を持った分布を意味する。

相関（correlation）　2つの変数の類似性を知るために、2つの変数の線形関係を測定したもの。相関係数は＋1（完全相関）から－1（負の完全相関）の間の値を取る。

相対モメンタム（Relative momentum）　ある資産の過去のパフォーマンスとほかの資産の過去のパフォーマンスとの比較。

損失回避（Loss aversion）　利益を得ることよりも、損失を回避する

ことを好む傾向。「リスク回避」を参照。

対数正規分布（Lognormal distribution） 連続確率分布の一種で、この分布に従う確率変数の対数をとったとき、対応する分布が正規分布になる。変数が長時間にわたるリターンの乗法積である金融時系列データをモデル化するのによく使われる。

代表性（Representativeness） あるイベントがその母集団の特徴にどれくらい似ているかを示す主観的確率。少ないデータで早まった推測をすることで、異なるイベントであるにもかかわらず類似性があると見てしまう傾向がある。

ダブルソート（Double sort） 1つのファクターに基づいてデータをカテゴリー別に分類し、それぞれのカテゴリーを別のファクターに基づいて新しいカテゴリーに分類すること。

超過リターン（Excess return） ある証券やポートフォリオのリターンが、ベンチマークやインデックスのリターンを超過した分のリターン。

調整（Adjustment effect）「アンカリング」を参照。

群れ行動（Herding） 人と群れをなそうとする行動。横並びを好む行動。これは過剰反応を引き起こす。

デュアルモメンタム（Dual momentum） 絶対モメンタムと相対モメンタムの組み合わせ。

定常分布（Stationary distribution）　時間がたっても変わらない確率分布。

ディスポジション効果（Disposition effect）　利益を確定するために勝ちトレードを早く売りすぎたり、トントンになることを期待して負けトレードに長くしがみつく傾向。「非対称損失回避」も参照。

データスヌーピング（Data snooping）　データマイニングの不適切な使い方は、間違った関係の発見につながる。データドレッジング、データトーチャーリングとも言う。「過剰適合バイアス」も参照。

データマイニング（Data mining）　過去のデータにおけるパターンを分析することで、相関関係やパターンなどを探しだす（予測モデルを構築する）テクニック。

テールリスク（Tail risk）　3標準偏差を超えるような大きな変動が発生する確率。発生確率は低いが発生すると巨額の損失となるリスク。

テクニカル分析（Technical analysis）　市場データを分析することで市場の動きを予測する分析法。

デリバティブ（Derivative）　原資産となる金融商品から派生した金融派生商品。将来的な商品の売買代金や、将来売買する権利、条件などを当事者間であらかじめ決めておく。デリバティブには、先物、オプション、先渡取引、スワップなどがある。

トラッキングエラー（Tracking error）　ポートフォリオのリターンとベンチマークのリターンの乖離の程度を表す測度。

トレンドフォロー（Trend following） 過去の価格に基づいて市場の方向性を決定するテクニックに基づく戦略。

ドローダウン（Drawdown） ポートフォリオの最高値とそのあと発生する最安値との差。価格が高値を更新したあとの下落率。

認知的不協和（Cognitive dissonance） 自分たちの信念や仮定が間違っているという証拠を突きつけられたときに感じる心理的葛藤や不快感。

ノイズ（Noise） 恣意性や不確実性を示す、予測不可能で再現性のないパターン。ノイズは情報と対照的なものとして間違って理解されていることが多い。

ノンパラメトリック（Nonparametric） 母集団の分布を前提としないことを意味する。

バイアス（Bias） 偏りや歪みを意味し、転じて偏見や先入観という意味を持つ。

パッシブ運用投資（Passive investment management） ベンチマークインデックスに連動する運用成果を目指す戦略。

バリュー投資（Value investing） 株価が本来価値を下回る株を買う戦略。これを判断するのに用いられる測度には、株価純資産倍率や株価収益率がある。

バンドワゴン効果（Bandwagon effect） 「群れ行動」を参照。

247

非対称損失回避（Asymmetric loss aversion） 損失を回避するために大きなリスクをとるが、潜在的利益に対してリスク回避的になること。「ディスポジション効果」も参照。

ヒューリスティック（Heuristic） 不確実性の下で何かを判断するときに、人々は単純化された効率的な法則を使っている。例えば、試行錯誤、経験則、経験に基づく推測などがこれにあたる。

標準偏差（Standard deviation） 平均に対する散らばり具合を示す。標準偏差が大きいと、予想されるパフォーマンスの範囲は広く、ボラティリティは高い。

ファットテール（Fat-tailed） 分布の裾が正規分布に比べて厚いこと（極端なイベントの起こる確率が正規分布よりも大きい）。「尖急性」も参照。

ブートストラップ（Bootstrap） サンプル統計量の推定量を求めるための再標本化手法。統計分布が複雑だったり未知の場合や、サンプルサイズが統計推定を行ううえで小さすぎる場合に用いる。1つの標本から復元抽出を繰り返して大量の標本を生成し、それらの標本から推定値を計算し、母集団の性質やモデルの推測の誤差などを分析する方法。

プライベートエクイティ（Private equity） 未上場企業の株式。

プロスペクト理論（Prospect theory） 人がなぜ合理性から逸脱した意思決定をするのかを、彼らが期待される結果をどう見るかを観察することで説明する理論。人は利益を評価するときと、損失を評価す

るときとでは考え方が異なり、選択の結果被る損失よりも選択の結果得られる利益に基づいて意思決定することを好む傾向がある。

分離定理（Separation theorem） 投資ポートフォリオを決定する意思決定と、許容できるリスク水準を決定する意思決定とは独立して行われるというもの。最適ポートフォリオはただ1つ存在し、個人のリスクに対する考え方によって借り入れや貸し付けを行うという考え方。

平均回帰（Mean reversion） 価格やリターンが時間がたつと平均に戻る傾向のことをいう。平均への回帰。

平均分散最適化（MVO。Mean-variance optimization） 任意の水準のリスクに対してポートフォリオの期待リターンを最大化するか、任意の水準の期待リターンに対してポートフォリオリスクを最小化することを目指した定量的手法。過去のリターン、相関、ボラティリティを使う。

ベーシスポイント（Basis points） 1％の100分の1。金融分野で用いられる単位。

ベータ（Beta） 一般市場に対するイクスポージャーから発生するリスク。このリスクは分散化することはできない。

ヘッジファンド（Hedge funds） 大規模な資金を集め、プロマネジャーによって運用されるファンド。公募ではなく、私募で集められる。したがって、マネジャーには多くの手数料が支払われ、公募ファンドに比べると運用の柔軟性も高い。

報酬対変動比（Reward-to-variability ratio）　「シャープレシオ」を参照。

保守性バイアス（Conservatism）　新しい情報を提示されても、考えを変えないこと。持論に合う情報を見つけようとする一方で、持論に合わない情報は拒否してしまう。

ボラティリティ（Volatility）　価格変動の度合いを表す測度。「標準偏差」も参照。

名目リターン（Nominal return）　インフレ率を考慮しないリターン。

モメンタム（Momentum）　パフォーマンスの持続。直近の過去において上昇トレンド（下落トレンド）にあった資産は、近い将来も上昇トレンド（下落トレンド）を継続する傾向がある。

ランダムウォーク（Random walk）　株価の動きは独立した事象であり、予測不可能であることを述べた金融理論。これは効率的市場仮説に一致する。

リスク回避（Risk aversion）　不確かな利益よりも、低いけれども確かな利益を好む傾向。より多くのリスクを受け入れることで要求する追加的リワードを測る測度。

リスク調整済みリターン（Rist-adjusted return）　そのリターンを生成するときのリスクを考慮したリターン。リスク調整済みリターンの例としては、シャープレシオ、インフォメーションレシオ、アルファなどが挙げられる。

リスクパリティ（Risk parity） ポートフォリオにおいてボラティリティが均一になるように配分すること。債券に大きく配分することによる期待リターンの低下を補うためにレバレッジを用いるのが普通。

リスクフリーレート（Risk-free rate） 無リスク投資から生じる利回り（金利）。通常、短期Tビルから得られるリターンを意味する。

リスクプレミアム（Risk premium） リスクのある投資に対して、投資家がそのリスク分に対して求める超過リターンのこと。リスクのある資産の期待リターンから無リスク資産のリターンを差し引いたもの。

ルックバック期間（Look-back period） 過去のパフォーマンスを評価して、モメンタムシグナルを見極めるのに使われる過去の月数。「観察期間」を参照。

レバレッジ（Leverage） 他人資本（借金）を使うことでリターンを高めることを意味する。その一方でボラティリティも増加する。

レラティブストレングス（Relative strength） ある資産のパフォーマンスがほかのものとどれくらい強い関係にあるかを測定したもの。

ロールイールド（Roll yield） 短期先物を長期先物にロールオーバーするときに発生するリターン。

歪度（Skewness） 分布の対称性を測定する測度。左側のテールが厚いときは歪度は負で、右側のテールが厚いときは歪度は正。

参考文献

Ahn, Dong-Hyu, Jennifer Conrad, and Robert Dittmar (2003), "Risk Adjustment and Trading Strategies," *Review of Financial Studies* 16(2), 459–485.

Akemann, Charles A., and Werner E. Keller (1977), "Relative Strength Does Persist!" *Journal of Portfolio Management* 4(1), 38–45.

Amenc, Noël, Felix Goltz, and Véronique Le Sourd (2009), "The Performance of Characteristics-Based Indices," *European Financial Management* 15(2), 241–278.

Ang, Andrew (2012), "Mean Variance Investing," working paper.

Antonacci, Gary (2011), "Optimal Momentum: A Global Cross Asset Approach," Portfolio Management Consultants.

Antonacci, Gary (2012), "Risk Premia Harvesting Through Dual Momentum," Portfolio Management Consultants.

Antonacci, Gary (2013), "Absolute Momentum: A Universal Trend-Following Overlay," Portfolio Management Consultants.

Ariely, Dan (2009), *Predictably Irrational*, New York: HarperCollins Publishers.

Asness, Clifford S., Andrea Frazzini, Ronen Israel, and Tobias J. Moskowitz (2014), "Fact, Fiction, and Momentum Investing," working paper.

Asness, Clifford S., John Liew, and Ross Stevens (1997), "Parallels Between the Cross-Sectional Predictability of Stock and Country Returns," *Journal of Portfolio Management*, 23(3), 79–87.

Asness, Clifford S., Tobias J. Moskowitz, and Lasse J. Pedersen (2013), "Value and Momentum Everywhere," *Journal of Finance*, 68(3), 929–985.

Asness, Clifford S., R. Burt Porter, and Ross L. Stevens (2000), "Predicting Stock Returns Using Industry-Relative Firm Characteristics," working paper.

Avramov, Doron, and Tarun Chordia (2006), "Asset Pricing Models and Financial Market Anomalies," *Review of Financial Studies* 19(3), 1001–1040.

Bachelier, Louis (2006), *Louis Bachelier's Theory of Speculation: The Origins of Modern Finance*, Princeton NJ: Princeton University Press.

Bacon, Carl (2013), *Practical Risk-Adjusted Performance Measurement*, West Sussex, UK: John Wiley & Sons Ltd.

Bailey, David H., Jonathan M. Borwein, Marcos López de Prado, and Qiji Jim (2014), "Pseudo-Mathematics and Financial Charlatanism: The Effects of Backtest Overfitting on Out-of-Sample Performance," *Notices of the American Mathematical Society* 61(5), 458–474.

Bajgrowicz, Pierre, and Olivier Scaillet (2012), "Technical Trading Revisited: False Discoveries, Persistence Tests, and Transaction Costs," *Journal of Financial Economics* 106(3), 473–491.

Baker, Kent H., and Victor Ricciardi (2014), *Investor Behavior: The Psychology of Financial Planning and Investing*, Hoboken: NJ: John Wiley & Sons, Inc.

Baltas, Akindynos-Nikolaos, and Robert Kosowski (2012), "Improving Time-Series Momentum Strategies: The Role of Trading Signals and Volatility Estimators," working paper.

Bansal, Ravi, Robert F. Dittmar, and Christian T. Lundblad (2005), "Consumption, Dividends, and the Cross Section of Equity Returns," *Journal of Finance* 60(4), 1639–1672.

Barber, Brad M., and Terrance Odean (2000), "Trading Is Hazardous to Your Wealth: The Common Stock Investment Performance of Individual Investors," *Journal of Finance* 55(2), 773–806.

Barber, Brad M., and Guojun Wang (2011), "Do (Some) University Endowments Earn Alpha?" *Financial Analysts Journal* 69(5), 26–44.

Barberis, Nicholas, Andrei Shleifer, and Robert Vishny (1998), "A Model of Investor Sentiment," *Journal of Financial Economics* 49(3), 307–343.

Barberis, Nicholas, and Richard H. Thaler (2002), "A Survey of Behavioral Finance," National Bureau of Economic Research Working Paper No. 9222.

Barras, Laurent, Olivier Scaillet, and Russ Wermers (2010), "False Discoveries in Mutual Fund Performance: Measuring Luck in Estimated Alphas," *Journal of Finance* 65(1), 179–216.

Benjamini, Yoav, Abba M. Krieger, and Daniel Yekutieli (2006), "Adaptive Linear Step-Up Procedures That Control the False Discovery Rate," *Biometrika* 93(3), 491–507.

Beracha, Eli, and Hilla Skiba (2011), "Momentum in Residential Real Estate," *Journal of Real Estate Finance and Economics* 43(3), 299–320.

Bernartzi, Shlomo, and Richard H. Thaler (1995), "Myopic Loss-Aversion and the Equity Premium Puzzle," *Quarterly Journal of Economics* 110(1), 73–92.

Bhardwaj, Geetesh, Gary B. Gorton, and K. Geert Rouwenhorst (2013), "Fooling Some of the People All of the Time: The Inefficient Performance and Persistence of Commodity Trading Advisors," working paper.

Bhojraj, Sanjeev, and Bhaskaran Swaminathan (2006), "Macromomentum: Returns Predictability in International Equity Indices," *Journal of Business* 79(1), 429–451.

Bikhchandani, Sushil, David Hirshleifer, and Ivo Welch (1992), "A Theory of Fads, Fashion, Custom, and Cultural Change as Informational Cascades," *Journal of Political Economy* 100(5), 992–1026.

Blake, Christopher R., Edwin J. Elton, and Martin J. Gruber (1993), "The Performance of Bond Mutual Funds," *Journal of Business* 66(3), 370–403.

Blitz, David, and Wilma De Groot (2014), "Strategic Allocation to Commodity Factor Premiums," *Journal of Alternative Investments*, forthcoming.

Blitz, David C., and Pim Van Vliet (2008), "Global Tactical Cross-Asset Allocation: Applying Value and Momentum Across Asset Classes," *Journal of Portfolio Management* 35(1), 23–38.

Bohan, James (1981), "Relative Strength: Further Positive Evidence," *Journal of Portfolio Management* 8(1), 36–39.

Booth, David, and Eugene Fama (1992), "Diversification Returns and Asset Contributions," *Financial Analysts Journal* 48(3), 26–32.

Brock, William, Josef Lakonishok, and Blake LeBaron (1992), "Simple Technical Trading Rules and the Stochastic Properties of Stock Returns," *Journal of Finance* 47(5), 1731–1764.

Brown, David P., and Robert H, Jennings (1989), "On Technical Analysis," *Review of Financial Studies* 2(4), 527–551.

Brush, John S., and Keith E. Bowles (1983), "The Predictive Power in Relative Strength and CAPM," *Journal of Portfolio Management* 9(4), 20–23.

Busse, Jeffrey A., Amit Goyal, and Sunil Wahal (2010), "Performance and Persistence in Institutional Investment Management," *Journal of Finance* 65(2), 765–790.

Carhart, Mark M. (1997), "On Persistence in Mutual Fund Performance," *Journal of Finance* 52(1), 57–82.

Chabot, Benjamin R., Eric Ghysels, and Ravi Jagannathan (2009), "Price Momentum in Stocks: Insights from Victorian Age Data," National Bureau of Economic Research Working Paper No 14500.

Chan, Kalok, Allaudeen Hameed, and Wilson H. S. Tong (2000), "Profitability of Momentum Strategies in International Equity Markets," *Journal of Financial and Quantitative Analysis* 35(2), 153–175.

Chan, Louis K. C., Narasimhan Jegadeesh, and Josef Lokonishok (2012), "Momentum Strategies," *Journal of Finance* 51(5), 1681–1713.

エドワード・チャンセラー著『バブルの歴史』（日経BP社）

Chen, Hong-Yi, Sheng-Syan Chen, Chin-Wen Hsin, and Cheng-Few Lee (2014), "Does Revenue Momentum Drive or Ride Earnings or Price Momentum?" *Journal of Banking and Finance* 38, 166–185.

Chen, Li-Wen, and Hsin-Yi Yu (2013), "Investor Attention, Visual Price Pattern, and Momentum Investing," working paper.

Chen, Long, Ohad Kadan, and Engin Kose (2009), "Fresh Momentum," working paper.

Chestnutt, George A. (1961), *Stock Market Analysis: Facts and Principles*, Larchmont, NY: American Investors Service.

Chordia, Tarun and Lakshmanan Shivakumar (2002), "Momentum, Business Cycle, and Time Varying Expected Returns," *Journal of Finance* 57(2), 985–1019.

Chordia, Tarun, Avanidhar Subrahmanyam, and Qing Tong (2013), "Trends in Capital Market Anomalies," working paper.

Chow, Tzee-man, Jason Hsu, Vitali Kalesnik, and Bryce Little (2011), "A Survey of Alternative Equity Index Strategies," *Financial Analysts Journal* 67(5), 37–57.

Conrad, Jennifer, and Gautam Kaul (1998), "An Anatomy of Trading Strategies," *Review of Financial Studies* 11(3), 489–519.

Cooper, Tony (2014), "Simulation as a Stock Market Backtesting Tool," working paper.

マイケル・コベル著『ザ・タートル──投資家たちの士官学校』(日経BP社)

Cowles, Alfred III, and Herbert E. Jones (1937), "Some A Posteriori Probabilities in Stock Market Criteria," *Econometrica* 5(3), 280–294.

Daniel, Kent, David Hirshleifer, and Avanidhar Subrahmanyam (1998), "Investor Psychology and Security Market Under- and Overreactions," *Journal of Finance* 53(6), 1839–1886.

ニコラス・ダーバス著『私は株で200万ドル儲けた』(パンローリング)

Daskalaki, Charoula, and George S. Skiadopoulus (2011), "Should Investors Include Commodities in Their Portfolios After All? New Evidence," *Journal of Banking and Finance* 35(10), 2606–2626.

De Bondt, Werner F. M., and Richard Thaler, "Does the Stock Market Overreact?" *Journal of Finance* 40(3), 793–805.

DeLong Bradford J., Andrei Shleifer, Lawrence H Summers, and Robert J, Waldmann (1990), "Positive Feedback Investment Strategies and Destabilizing Rational Speculation," *Journal of Finance* 45(2), 375–395.

DeMiguel, Victor, Lorenzo Garlappi, and Raman Uppal, (2009), "Optimal Versus Naïve Diversification: How Inefficient Is the 1/N Portfolio Strategy?" *Review of Financial Studies* 22(5), 1915–1953.

Dewaele, Benoit, Hughues Pirotte, Nils Tuchschmid, and Erik Wallerstein (2011), "Assessing the Performance of Funds of Hedge Funds," working paper.

Dichev, Ilia D., and Gwen Yu (2009), "Higher Risk, Lower Returns: What Hedge Funds Really Earn," *Journal of Financial Economics* 100(2), 248–263.

Dickson, Joel M., Sachin Padmawar, and Sarah Hammer (2012), "Joined at the Hip: ETF and Index Development," The Vanguard Group, Inc.

Dimson, Elroy, Paul Marsh, and Mike Staunton (2014), *Credit Suisse Global Investment Returns Yearbook 2014*, Zurich: Credit Suisse AG, 8–10.

Docherty, Paul, and Gareth Hurst (2014), "Trend Salience, Investor Behaviors, and Momentum Profitability," working paper.

Duffie, Darrell (2010), "Asset Price Dynamics with Slow-Moving Capital," *Journal of Finance* 65(4), 1238–1268.

Erb, Claude B., and Campbell R. Harvey (2006), "The Strategic and Practical Value of Commodity Futures," *Financial Analysts Journal* 62(2), 69–97.

Evans, Dylan (2012), *Risk Intelligence: How to Live with Uncertainty*, New York: Free Press.

Faber, Mebane T. (2007), "A Quantitative Approach to Tactical Asset Allocation," *Journal of Wealth Management* 9(4), 69–79.

Faber, Mebane T., and Eric W. Richardson (2009), *The Ivy Portfolio: How to Invest Like the Top Endowments and Avoid Bear Market Losses*, Hoboken, NJ: John Wiley & Sons Inc.

Fama, Eugene F. (1998), "Market Efficiency, Long-Term Returns, and Behavioral Finance," *Journal of Financial Economics* 49(3), 283–306.

Fama, Eugene, and Kenneth French (1988), "Dividend Yields and Expected Stock Returns," *Journal of Financial Economics* 22(1), 3–25.

Fama, Eugene, and Kenneth French (1992), "The Cross-Section of Expected Stock Returns," *Journal of Finance* 47(2), 427–465.

Fama, Eugene F., and Kenneth French (1993), "Common Risk Factors in the Returns on Stocks and Bonds," *Journal of Financial Economics* 33(1), 3–56.

Fama, Eugene, and Kenneth French (2004), "The Capital Asset Pricing Model: Theory and Practice," *Journal of Economic Perspective* 18(3), 25–46.

Fama, Eugene, and Kenneth French (2007), "Smart Talk: Fama and French," *Journal of Indexes* 8(4), 10–12.

Fama, Eugene, and Kenneth French (2008), "Dissecting Anomalies," *Journal of Finance* 63(4), 1653–1678.

Fama, Eugene, and Kenneth French (2010), "Luck Versus Skill in the Cross-Section of Mutual Fund Returns," *Journal of Finance* 65(5), 1915–1947.

Fama, Eugene F., and Kenneth R. French (2014), "A Five-Factor Asset Pricing Model," working paper.

Fang, Jiali, Ben Jacobsen, and Yafeng Qin (2013), "Predictability of the Simple Technical Trading Rules: An Out-of-Sample Test," *Review of Financial Economics* 23(1), 30–45.

Fang, Jiali, Yafeng Qin, and Ben Jacobsen (2014), "Technical Market Indicators: An Overview," working paper.

Feifei, Li, Vitali Kalesnik, and Jason Hsu (2012), "An Investor's Guide to Smart Beta Strategies," *AAII Journal*, American Association of Individual Investors, December 2012.

ジャスティン・フォックス著『合理的市場という神話──リスク、報酬、幻想をめぐるウォール街の歴史』（東洋経済新報社）

Frazzini, Andrea (2006), "The Disposition Effect and Underreaction to News," *Journal of Finance* 61(4), 2017–2046.

Friesen, Geoffrey C., Paul Weller, and Lee Dunham (2009), "Price Trends and Patterns in Technical Analysis: A Theoretical and Empirical Examination," *Journal of Banking and Finance* 33(6), 1089–1100.

ジョン・ケネス・ガルブレイス著『新版 バブルの物語』（ダイヤモンド社）

Gârleanu, Nicolae, and Lasse Heje Pedersen (2007), "Liquidity and Risk Management," *American Economic Review* 97(2), 193–197.

Gartley, H. M. (1935), *Profits in the Stock Market*, Pomeroy, WA: Lambert Gann Publishing.

Gartley, H. M. (1945), "Relative Velocity Statistics: Their Application in Portfolio Analysis," *Financial Analysts Journal*, 51(1), 18–20.

Geczy, Christopher, and Mikhail Samonov (2012), "212 Years of Price Momentum (The World's Longest Backtest 1801–2012)," working paper.

George, Thomas J., and Chuan-Yang Hwang (2004), "The 52-Week High and Momentum Investing," *Journal of Finance* 59(5), 2145–2176.

Gennaioli, Nicola, Andrei Shleifer, and Robert W. Vishny (2012), "Money Doctors," National Bureau of Economic Research Working Paper No. 18077.

Goetzmann, William N., and Alok Kumar (2008), "Equity Portfolio Diversification," *Review of Finance* 12(3), 433–463.

Gordon, William (1968), *The Stock Market Indicators*, Palisades Park, NJ: Investors' Press.

Gorton, Gary, and K. Geert Rouwenhorst (2006), "Facts and Fantasies about Commodity Futures," *Financial Analysts Journal* 62(2), 57–68.

ベンジャミン・グレアム、デビッド・ドッド著『証券分析』（パンローリング）

Graham, John (1999), "Herding Among Investment Newsletters: Theory and Evidence," *Journal of Finance* 54(1), 237–268.

Gray, Wesley, and Tobias Carlisle (2013), *Quantitative Value: A Practitioner's Guide to Automating Intelligent Investment and Eliminating Behavioral Errors*, Hoboken, NJ: John Wiley & Sons Inc.

Gray, Wesley, and Jack Vogel (2013), "Using Maximum Drawdown to Capture Tail Risk," working paper.

Griffin, John, Xiuqing Ji, and J. Spencer Martin (2003), "Momentum Investing and Business Credit Risk: Evidence from Pole to Pole," *Journal of Finance* 58(6), 2515–2547.

Griffin, John, Xiuqing Ji, and J. Spencer Martin (2005), "Global Momentum Strategies: A Portfolio Perspective," *Journal of Portfolio Management* 31(2), 23–39.

Griffin, John M., and Jim Xu (2009), "How Smart Are the Smart Guys? A Unique View from Hedge Fund Stock Holdings," *Review of Financial Studies* 22(7), 2531–2570.

Grinblatt, Mark, and Brian Han (2005), "Prospect Theory, Mental Accounting, and Momentum," *Journal of Financial Economics* 78(2), 311–339.

Grinblatt, Mark, Sheridan Titman, and Russ Wermers (1995), "Momentum Investment Strategies, Portfolio Performance, and Herding: A Study of Mutual Fund Behavior," *American Economic Review* 85(5), 1088–1105.

Grove, William M., David H. Zald, Boyd S. Lebow, Beth E. Snitz, and Chad Nelson (2000), "Clinical Versus Mechanical Prediction: A Meta-Analysis," *Psychological Assessment* 12(1), 19–30.

Grundy, Bruce D., and J. Spencer Martin (2001), "Understanding the Nature of the Risks and the Sources of the Rewards to Momentum Investing," *Review of Financial Studies* 14(1), 29–78.

Hader, Josef, and William R. Russell (1969), "Rules for Ordering Uncertain Prospects," *The American Economic Review* 59(1), 25–34.

Haller, Gilbert (1965), *The Haller Theory of Stock Market Trends*, West Palm Beach, FL: Gilbert Haller.

Han, Yufeng, Ke Yang, and Guofu Zhou (2011), "A New Anomaly: The Cross-Sectional Profitability of Technical Analysis," working paper.

Han, Yufeng, and Guofu Zhou (2013), "Trend Factor: A New Determinant of Cross-Section Stock Returns," working paper.

Harris, Robert S., Tim Jenkinson, and Steven N. Kaplan (2013), "Private Equity Performance: What Do We Know?" *Journal of Finance*, forthcoming.

Harvey, Campbell R., Yan Liu, and Heqing Zhu (2013), ". . . And the Cross-Section of Expected Returns," working paper.

Haugen, Robert A. (2010), *The New Finance: Overreaction, Complexity, and Uniqueness*, Upper Saddle River, NJ: Prentice Hall, Inc.

Haugen, Robert A., and Nardin L. Baker (1991), "The Efficient Market Inefficiency of Capitalization-Weighted Stock Portfolios," *Journal of Portfolio Management* 17(3), 35–40.

Higson, Chris, and Rüdiger Stucke (2012), "The Performance of Private Equity," working paper.

Hong, Harrison, and Jeremy Stein (1999), "A Unified Theory of Underreaction, Momentum Trading, and Overreaction in Asset Markets," *Journal of Finance* 54(6), 2143–2184.

Hurst, Brian, Yao Hua Ooi, and Lasse H. Pedersen (2012), "A Century of Evidence on Trend-Following Investing," AQR Capital Management, LLC.

Hurst, Brian, Yao Hua Ooi, and Lasse H. Pedersen (2014), "Demystifying Managed Futures," *Journal of Investment Management*, forthcoming.

Ilmanen, Antti (2011), *Expected Returns: An Investor's Guide to Harvesting Market Rewards*, West Sussex, UK: John Wiley & Sons Ltd.

Inker, Ben (2010), "The Hidden Risks of Risk Parity Portfolios," GMO White Paper, March 2010.

Israel, Ronen, and Tobias J. Moskowitz (2013), "The Role of Shorting, Firm Size, and Time on Market Anomalies," *Journal of Financial Economics* 108(2), 275–301.

Jacobs, Heiko, Sebastian Müller, and Martin Weber (2014), "How Should Individual Investors Diversify? An Empirical Evaluation of Alternative Asset Allocation Policies," *Journal of Financial Markets* 19, 62–85.

Jegadeesh, Narasimhan (1990), "Evidence of Predictable Behavior of Security Returns," *Journal of Finance* 45(3), 881–898.

Jegadeesh, Narasimhan, and Sheridan Titman (1993), "Returns to Buying Winners and Selling Losers: Implications for Stock Market Efficiency," *Journal of Finance* 48(1), 65–91.

Jegadeesh, Narasimhan, and Sheridan Titman (2001), "Profitability of Momentum Strategies: An Evolution of Alternative Explanations," *Journal of Finance* 56(2), 699–720.

Jensen, Michael C. (1968), "The Performance of Mutual Funds in the Period 1945–1964," *Journal of Finance* 23(2), 389–416.

Johnson, Timothy (2002), "Rational Momentum Effects," *Journal of Finance* 57(2), 585–608.

Jostova, Gergana, Stanislova Nikolova, Alexander Philipov, and Christof W Stahel (2013), "Momentum in Corporate Bond Returns," *Review of Financial Studies* 26(7), 1649–1693.

Kahneman, Daniel (2011), *Thinking, Fast and Slow*, New York: Farrar, Straus and Giroux.

Kahneman, Daniel, and Amos Tversky (1979), "Prospect Theory: An Analysis of Decision Under Risk," *Econometrica* 47(2), 263–292.

Kandasamy, Narayan, Ben Hardy, Loinel Page, Markus Schaffner, Johann Gaggaber, Andrew S. Powlson, Paul C. Fletcher, Mark Gurnell, and John Coates (2014), "Cortisol Shifts Financial Risk Preferences," *Proceedings of the National Academy of Sciences* 111(9), 3608–3613.

Keim, Donald B., and Robert F. Stambaugh (1986), "Predicting Returns in Stock and Bond Markets," *Journal of Finance* 17(2), 357–390.

チャールズ・P・キンドルバーガー、ロバート・Z・アリバー著『熱狂、恐慌、崩壊――金融危機の歴史』(日本経済新聞出版社)

King, Matthew, Oscar Silver, and Binbin Guo (2002), "Passive Momentum Asset Allocation," *Journal of Wealth Management* 5(3), 34–41.

Klein, Donald B., and Robert F. Stambaugh (1986), "Predicting Returns in Stocks and Bond Markets," *Journal of Financial Economics* 17(2), 357–390.

Knight, Timothy (2014), *Panic, Prosperity, and Progress: Five Centuries of History and the Markets*, Hoboken, NJ: John Wiley & Sons, Inc.

Kothari, S. P., Jay Shanken, and Richard G. Sloan (1995), "Another Look at the Cross-Section of Expected Returns," *Journal of Finance* 50(1), 185–224.

Kumar, Alok (2009), "Who Gambles in the Stock Market?" *Journal of Finance* 64(4), 1889–1933.

Lack, Simon A. (2012), *The Hedge Fund Mirage: The Illusion of Big Money and Why It's Too Good to Be True*, Hoboken, NJ: John Wiley & Sons Inc.

エドウィン・ルフェーブル著『欲望と幻想の市場――伝説の投機王リバモア』(東洋経済新報社)

Lemperiere, Y., C. Deremble, P. Seager, M. Potters, and J. P. Bouchad (2014), "Two Centuries of Trend Following," working paper.

Levy, Robert A. (1967), "Relative Strength as a Criterion for Investment Selection," *Journal of Finance* 22(4), 595–610.

Levy, Robert A. (1968), *The Relative Strength Concept of Common Stock Price Forecasting*, Larchmont, NY: Investors Intelligence, Inc.

Li, Xiaoming, Bing Zhang, and Zhijie Du (2011), "Correlation in Commodity Futures and Equity Markets Around the World: Long-Run Trend and Short-Run Fluctuation," working paper.

Liu, Laura Xiaolei, and Lu Zhang (2008), "Momentum Profits, Factor Pricing, and Macroeconomic Risk," *Review of Financial Studies* 21(6), 2417–2448.

Lo, Andrew W. (2012), "Why Buy and Hold Doesn't Work Anymore," *Money* magazine, March issue.

Lo, Andrew W., and A. Craig MacKinlay (1988), "Stock Market Prices Do Not Follow Random Walks: Evidence from a Simple Specification Test," *The Review of Financial Studies* 1(1), 41–66.

Lo, Andrew W., and A. Craig MacKinlay (1999), *A Non-Random Walk Down Wall Street*, Princeton: NJ, Princeton University Press.

Lo, Andrew W., Harry Mamaysky, and Jiang Wang (2000), "Foundations of Technical Analysis: Computational Algorithms, Statistical Inference, and Empirical Implementation," *Journal of Finance* 55(4), 1705–1770.

Lombardi, Marco J., and Francesco Ravazzolo (2013), "On the Correlation Between Commodity and Equity Returns: Implications for Portfolio Allocation," Bank for International Settlements Working Paper No. 420.

López de Prado, Marcos (2013), "What to Look for in a Backtest," Hass Energy Trading Corp.

ロジャー・ローウェンスタイン著『天才たちの誤算――ドキュメントLTCM破綻』（日本経済新聞社）

MacKenzie, Donald (2006), *An Engine, Not a Camera: How Financial Models Shape Markets*, Cambridge, MA: MIT Press.

Malkiel, Burton G. (1995), "Returns from Investing in Equity Mutual Funds," *Journal of Finance* 50(2), 549–572.

Mandelbrot, Benoit, and Richard L Hudson (2004), *The Misbehavior of Markets: A Fractal View of Financial Turbulence*, New York: Basic Books.

Marshall, Ben R., Rochester H. Cahan, Jared M. Cahan (2008), "Can Commodity Futures Be Profitably Traded with Quantitative Market Timing Strategies?" *Journal of Banking and Finance* 32(9), 1810–1819.

McLean, R. David, and Jeffrey Pontiff (2013), "Does Academic Research Destroy Stock Return Predictability?" working paper.

Menkoff, Lukas, Lucio Sarno, Maik Schmeling, and Andreas Schrimpf (2011), "Currency Momentum Strategies," working paper.

Meub, Lukas, and Till Proeger (2014), "An Experimental Study on Social Anchoring," working paper.

Meucci, Attilo (2009), *Risk and Asset Allocation*, New York: Springer Finance.

Miffre, Joelle, and Georgios Rallis (2007), "Momentum Strategies in Commodity Futures Markets," *Journal of Banking and Finance* 31(6), 1863–1886.

Mitchell, Mark, Lasse Heje Pedersen, and Todd Pulvino (2007), "Slow Moving Capital," *American Economic Review* 97(2), 215–220.

Moskowitz, Tobias J., and Mark Grinblatt (1999), "Do Industries Explain Momentum?" *Journal of Finance* 54(4), 1249–1290.

Moskowitz, Tobias J., Yao Hua Ooi, and Lasse Heje Pedersen (2012), "Time Series Momentum," *Journal of Financial Economics* 104(2), 228–250.

Mou, Yiqun (2011), "Limits to Arbitrage and Commodity Index Investment: Front-Running the Goldman Yield," working paper.

マイケル・J・モーブッシン著『投資の科学——あなたが知らないマーケットの不思議な振る舞い』（日経BP社）

Newey, Whitney K., and Kenneth D. West (1987), "A Simple, Positive Semi-Definite, Heteroskedasticity and Autocorrelation Consistent Covariance Matrix," *Econometrica* 55(3), 703–708.

ジョン・R・ノフシンガー著『最新 行動ファイナンス入門』（ピアソン桐原）

Odean, Terrance (1998), "Are Investors Reluctant to Realize Their Losses?" *Journal of Finance* 53(5), 1775–1798.

Okunev, John, and Derek White (2000), "Do Momentum Based Strategies Still Work in Foreign Currency Markets?" *Journal of Financial and Quantitative Markets* 38(2), 425–447.

ウィリアム・J・オニール著『オニールの成長株発掘法【第4版】——良い時も悪い時も儲かる銘柄選択をするために』（パンローリング）

Park, Cheol-Ho, and Scott H. Irwin (2007), "What Do We Know About the Profitability of Technical Analysis?" *Journal of Economic Surveys* 21(4), 786–826.

Pastor, Lubos, and Robert F. Stambaugh (2003), "Liquidity Risk and Expected Stock Returns," *Journal of Political Economy* 111(3), 642–685.

Perold, André (2007), "Perspectives: Fundamentally Flawed Indexing," *Financial Analysts Journal* 63(6), 31–37.

Pirrong, Craig (2005), "Momentum in Futures Markets," working paper.

Rapach, David, Jack K. Strauss, and Guofu Zhou (2013), "International Stock Market Return Predictability: What Is the Role of the United States?" *Journal of Finance* 68(4).

Rhea, Robert (1932), *The Dow Theory*, New York: Barron's.

Ricciardi, Victor, and Helen K. Simon (2000), "What Is Behavioral Finance?" *Business, Education, and Technology Journal* 2(2), 1–9.

Rouwenhorst, K. Geert (1998), "International Momentum Strategies," *Journal of Finance* 53(1), 267–284.

Rouwenhorst, K. Geert (1999), "Local Return Factors and Turnover in Emerging Stock Markets," *Journal of Finance* 54(4), 1439–1464.

Sagi, Jacob, and Mark Seasholes (2007), "Firm-Specific Attributes and the Cross-Section of Momentum," *Journal of Financial Economics* 84(2), 389–434.

Samuelson, Paul A. (1974), "Challenge to Judgment," *Journal of Portfolio Management* 1(1), 17–19.

ジャック・D・シュワッガー著『新マーケットの魔術師——米トップトレーダーたちが語る成功の秘密』（パンローリング）

ジャック・D・シュワッガー著『マーケットの魔術師――米トップトレーダーが語る成功の秘訣』(パンローリング)

Schwert, G. William (2002), "Anomalies and Market Efficiency," National Bureau of Economic Research Working Paper No. 9277.

Seamans, George (1939), *The Seven Pillars of Stock Market Success*, Brightwaters, NY: Windsor Books.

Sewell, Martin (2011), *History of the Efficient Market Hypothesis*, UCL Department of Computer Science.

Sharpe, William F. (1994), "The Sharpe Ratio," *Journal of Portfolio Management* 21(10), 49–58.

Shefrin, Hersh, and Meir Statman (1985), "The Disposition to Sell Winners Too Early and Ride Losers Too Long: Theory and Evidence," *Journal of Finance* 40(3), 777–790.

Shiller, Robert J. (1981), "Do Stock Prices Move Too Much to Be Justified by Subsequent Changes in Dividends?" *American Economic Review* 71(3), 421–436.

Shiller, Robert J. (1992), *Market Volatility*, Cambridge, MA: MIT Press.

Shiller, Robert J. (2003), "From Efficient Markets Theory to Behavioral Finance," *Journal of Economic Perspectives* 17(1), 83–100.

ロバート・J・シラー著『投機バブル 根拠なき熱狂――アメリカ株式市場、暴落の必然』(ダイヤモンド社)

Shleifer, Andrei (2000), *Inefficient Markets: An Introduction to Behavioral Finance*, New York: Oxford University Press.

Shumway, Tyler, and Vincent A. Warther (1999), "The Delisting Bias in CRSP's NASDAQ Data and Its implications for Interpretation of the Size Effect," *Journal of Finance* 54(6), 2361–2379.

ジェレミー・シーゲル著『株式投資――長期投資で成功するための完全ガイド』(日経BP社)

ジョージ・ソロス著『新版 ソロスの錬金術』(総合法令出版)

Tang, Ke, and Wei Xiong (2012), "Index Investment and Financialization of Commodities," *Financial Analysts Journal* 68(6), 54–74.

Tanous, Peter J. (1999), *Investment Gurus: A Road Map to Wealth from the World's Best Investment Managers*, New York: Prentice Hall Direct.

Tetlock, Philip E. (2005), *Expert Political Judgment: How Good Is It? How Can We Know?*, Princeton, NJ: Princeton University Press.

Thaler, Richard T. (1994), *The Winner's Curse: Paradoxes and Anomalies of Economic Life*, Princeton NJ: Princeton University Press.

Thorp, Edward O., and Sheen T. Kassouf (1967), *Beat the Market: A Scientific Stock Market System*, New York: Random House.

Tversky, Amos, and Daniel Kahneman (1974), "Judgment Under Uncertainty: Heuristics and Biases," *Science* 185, 1124–1131.

Wason, P. C. (1960), "On the Failure to Eliminate Hypotheses in a Conceptual Task," *Quarterly Journal of Experimental Psychology* 12(3), 129–140.

Weatherall, James Owen (2013), *The Physics of Wall Street: A Brief History of Predicting the Unpredictable*, New York: Houghton Mifflin Harcourt Publishing.

Weber, Joachim, Steffen Meyer, Benjamin Loas, and Andreas Hackenthal (2014), "Which Investment Behaviors Really Matter for Individual Investors?" working paper.

Welch, Ivo (2000), "Herding Among Security Analysts," *Journal of Financial Economics* 58(3), 369–396.

West, John, and Ryan Larson (2014), "Slugging It Out in the Equity Arena," *Fundamentals*, April issue, Research Affiliates, LLC.

Wyckoff, Richard D. (1924), *How I Trade in Stocks and Bonds: Being Some Methods Evolved and Adapted During My Thirty-Three Years' Experience in Wall Street*, New York: Magazine of Wall Street.

Xiao, Zhijie (2014), "Right Tail Information in Financial Markets," *Econometric Theory* 30(1), 94–126.

Zakamouline, Valeri, and Steen Koekebakker (2009), "Portfolio Performance Evaluation with Generalized Sharpe Ratios: Beyond the Mean and Variance," *Journal of Banking and Finance* 33(7), 1242–1254.

Zaremba, Adam (2013), "Implications of Financialization for Commodity Investors: The Case of Roll Yields," working paper.

Zhou, Guofu, and Yingzi Zhu (2014), "A Theory of Technical Trading Using Moving Averages," working paper.

Zhu, Yingzi, and Guofu Zhou (2009), "Technical Analysis: An Asset Allocation Perspective on the Use of Moving Averages," *Journal of Financial Economics* 92(3), 519–544.

ジェイソン・ツヴァイク著『あなたのお金と投資脳の秘密――神経経済学入門』(日本経済新聞出版社)

推薦図書

「汝自身を知れ」——ソクラテス

　相対モメンタムと絶対モメンタムについてもっと詳しく知りたい人は、参考図書にある研究論文を参照してもらいたい。論文のほとんどはインターネットで論文の題名や著者名を検索すれば見つけることができるはずだ。また、Social Science Research Network（SSRN。http://papers.ssrn.com/sol3/DisplayAbstractSearch.cfm）でも入手可能だ。

　ジョージ・サンタヤーナが言っているように、歴史に学ばない者はそれを繰り返す運命にある。ウォーレン・バフェットのメンターであるベンジャミン・グレアムはかつて次のように言った——「投資家にとって最大の敵は自分自身である」。以下の推薦図書は、投資家心理、行動経済学、金融市場の歴史にまつわる著書である。よりよい投資判断をするのにきっと役立つはずだ。

Ariely, Dan (2009), *Predictably Irrational*, New York: HarperCollins Publishers.
Baker, Kent H., and Victor Ricciardi (2014), *Investor Behavior: The Psychology of Financial Planning and Investing*, Hoboken: NJ: John Wiley & Sons, Inc.
エドワード・チャンセラー著『バブルの歴史』（日経BP社）
ジョン・ケネス・ガルブレイス著『新版 バブルの物語』（ダイヤモンド社）
Evans, Dylan (2012), *Risk Intelligence: How to Live with Uncertainty*, New York: Free Press.
ジャスティン・フォックス著『合理的市場という神話——リスク、報酬、幻想をめぐるウォール街の歴史』（東洋経済新報社）

Ilmanen, Antti (2011), *Expected Returns: An Investor's Guide to Harvesting Market Rewards*, West Sussex, UK: John Wiley & Sons Ltd.

ダニエル・カーネマン著『ファスト＆スロー——あなたの意思はどのように決まるか？』（早川書房）

チャールズ・P・キンドルバーガー、ロバート・Z・アリバー著『熱狂、恐慌、崩壊——金融危機の歴史』（日本経済新聞出版社）

Knight, Timothy (2014), *Panic, Prosperity, and Progress: Five Centuries of History and the Markets*, Hoboken, NJ: John Wiley & Sons, Inc.

マイケル・J・モーブッシン著『投資の科学——あなたが知らないマーケットの不思議な振る舞い』（日経BP社）

ジョン・R・ノフシンガー著『最新 行動ファイナンス入門』（ピアソン桐原）

ロバート・J・シラー著『投機バブル 根拠なき熱狂——アメリカ株式市場、暴落の必然』（ダイヤモンド社）

Shleifer, Andrei (2001), *Inefficient Markets: An Introduction to Behavioral Finance*, New York: Oxford University Press.

Thaler, Richard T. (1994), *The Winner's Curse: Paradoxes and Anomalies of Economic Life*, Princeton, NJ: Princeton University Press.

Weatherall, James Owen (2013), *The Physics of Wall Street: A Brief History of Predicting the Unpredictable*, New York: Houghton Mifflin Harcourt Publishing.

■著者紹介
ゲイリー・アントナッチ（Gary Antonacci）
ハーバード大学でMBAを修得。あまり活用されていない投資機会に焦点を当てた投資のプロとして35年以上の実績を持つ。投資の世界に、レラティブストレングス価格モメンタムとトレンドフォローの絶対モメンタムを組み合わせたデュアルモメンタムを紹介したモメンタム投資の第一人者。ベトナムで米陸軍衛生兵として従事した経験も持つ。長年にわたり犬の救済と里親探しにも熱心に取り組んでいる。ブログとウェブサイト（http://www.optimalmomentum.com/）は高い人気を誇る。

■監修者紹介
長尾慎太郎（ながお・しんたろう）
東京大学工学部原子力工学科卒。北陸先端科学技術大学院大学・修士（知識科学）。日米の銀行、投資顧問会社、ヘッジファンドなどを経て、現在は大手運用会社勤務。訳書に『魔術師リンダ・ラリーの短期売買入門』『新マーケットの魔術師』『マーケットの魔術師【株式編】』（いずれもパンローリング、共訳）、監修に『高勝率トレード学のススメ』『フルタイムトレーダー完全マニュアル』『システムトレード基本と原則』『ラリー・ウィリアムズの短期売買法【第2版】』『コナーズの短期売買戦略』『続マーケットの魔術師』『続高勝率トレード学のススメ』『トレーダーのメンタルエッジ』『プライスアクションとローソク足の法則』『ミネルヴィニの成長株投資法』『破天荒な経営者たち』『トレードコーチとメンタルクリニック』『高勝率システムの考え方と作り方と検証』『トレードシステムの法則』『バフェットからの手紙【第3版】』『バリュー投資アイデアマニュアル』『コナーズRSI入門』『スーパーストック発掘法』『出来高・価格分析の完全ガイド』『40兆円の男たち』『遅咲きトレーダーのスキャルピング日記』『アメリカ市場創世記』など、多数。

■訳者紹介
山下恵美子（やました・えみこ）
電気通信大学・電子工学科卒。エレクトロニクス専門商社で社内翻訳スタッフとして勤務したあと、現在はフリーランスで特許翻訳、ノンフィクションを中心に翻訳活動を展開中。主な訳書に『EXCELとVBAで学ぶ先端ファイナンスの世界』『リスクバジェッティングのためのVaR』『ロケット工学投資法』『投資家のためのマネーマネジメント』『高勝率トレード学のススメ』『勝利の売買システム』『フルタイムトレーダー完全マニュアル』『新版　魔術師たちの心理学』『資産価値測定総論1、2、3』『テイラーの場帳トレーダー入門』『ラルフ・ビンスの資金管理大全』『テクニカル分析の迷信』『タープ博士のトレード学校　ポジションサイジング入門』『アルゴリズムトレーディング入門』『クオンツトレーディング入門』『スイングトレード大学』『コナーズの短期売買実践』『ワン・グッド・トレード』『FXメタトレーダー4 MQLプログラミング』『ラリー・ウィリアムズの短期売買法【第2版】』『損切りか保有かを決める最大逆行幅入門』『株式超短期売買法』『プライスアクションとローソク足の法則』『トレードシステムはどう作ればよいのか　1　2』『トレードコーチとメンタルクリニック』『トレードシステムの法則』『トレンドフォロー白書』『スーパーストック発掘法』『出来高・価格分析の完全ガイド』『アメリカ市場創世記』（以上、パンローリング）、『FOR BEGINNERSシリーズ90　数学』（現代書館）、『ゲーム開発のための数学・物理学入門』（ソフトバンク・パブリッシング）がある。

2015年8月2日　初版第1刷発行

ウィザードブックシリーズ ⑳

ウォール街のモメンタムウォーカー

著　者　ゲイリー・アントナッチ
監修者　長尾慎太郎
訳　者　山下恵美子
発行者　後藤康徳
発行所　パンローリング株式会社
　　　　〒160-0023　東京都新宿区西新宿7-9-18-6F
　　　　TEL 03-5386-7391　FAX 03-5386-7393
　　　　http://www.panrolling.com/
　　　　E-mail　info@panrolling.com
編　集　エフ・ジー・アイ（Factory of Gnomic Three Monkeys Investment）合資会社
装　丁　パンローリング装丁室
組　版　パンローリング制作室
印刷・製本　株式会社シナノ

ISBN978-4-7759-7194-9

落丁・乱丁本はお取り替えします。
また、本書の全部、または一部を複写・複製・転訳載、および磁気・光記録媒体に
入力することなどは、著作権法上の例外を除き禁じられています。

本文　©Emiko Yamashita／図表　©Pan Rolling　2015 Printed in Japan